CONNEXION ANIMALE

Direction de la publication : Isabelle Jeuge-Maynart et Ghislaine Stora
Direction éditoriale : Élodie Bourdon
Édition : Mélissa Lagrange
Préparation de copie : Muriel Villebrun
Conception de la couverture : Claire Simonet
Mise en pages et relecture sur épreuves : Nord Compo
Fabrication : Donia Faiz / Marina Dartigues Plum

ISBN : 978-2-03-605541-4

Ilana de Montaigne

avec la collaboration
d'Alexandra Raillan

CONNEXION ANIMALE

Une capacité extraordinaire qui sommeille en chacun de nous

LAROUSSE

« Il se trouve plus de différence de tel homme à tel homme que de tel animal à tel homme. »

Michel de Montaigne

SOMMAIRE

INTRODUCTION

Qui n'a pas souhaité un jour pouvoir lire dans les pensées de son animal ? Comprendre son chien, son chat, son cheval comme un ami, un frère ou une sœur ? Dialoguer avec lui ? Est-ce seulement un rêve ? Et si je vous disais que nous pouvons tous, sans don particulier, se connecter à lui ?...

Michel de Montaigne, mon aïeul, disait déjà au XVIe siècle : « Il se trouve plus de différence de tel homme à tel homme que de tel animal à tel homme. » Aujourd'hui, sa pensée novatrice et sa façon d'envisager notre rapport au règne animal résonnent toujours aussi fort. Je les partage entièrement ! Dès lors, reconnaissons-nous dans le regard des animaux non humains, afin d'ouvrir l'espace de la communication et de tisser ensemble cette connexion qui m'est si chère.

Depuis que je suis toute petite, la nature et les animaux sont mes raisons de vivre. Je ne me sens jamais aussi bien qu'avec mes chevaux, je vibre intensément près d'un arbre, je préfère toujours le silence de la forêt au brouhaha des villes... Les animaux sont à la fois mes amis et mes sources d'inspiration. Je mets tout en œuvre pour créer du lien entre eux et nous. Eux, les « animaux », nous, les humains, qui avons oublié que nous sommes aussi des animaux, nous les humains qui avons oublié quelle est notre place au sein du vivant… Face aux injustices dont sont victimes les animaux, j'ai décidé d'agir et de libérer la voie d'accès entre eux et nous.

Je me suis longtemps formée à la connexion animale. Très vite, une idée s'est imposée à moi : ce lien d'âme à âme, de cœur à cœur, doit servir un noble dessein. Celui d'accompagner les animaux, de les soutenir, de les comprendre. J'ai donc choisi de mettre la connexion au service de leur écoute et de porter leur voix pour la rendre audible à tous…

Au fil du temps, j'ai développé ma propre technique et ma méthode originale : moins structurée et moins protocolaire que tout ce que j'avais appris jusqu'alors. Mais plus proche des animaux, dans l'optique de découvrir leur identité véritable. C'est une pratique qui célèbre le vivant, visant à créer un monde plus beau, où l'on cohabite tous ensemble, dans le respect, peu importe notre espèce.

En tant que facilitatrice, j'ai l'occasion de l'expérimenter depuis de nombreuses années avec succès. Les gens font régulièrement appel à moi pour entrer en contact avec leur animal et résoudre des problèmes d'entente et de comportement. Je les aide à mieux comprendre leurs animaux et à vivre en harmonie avec eux. C'est important pour moi car je vois quotidiennement des gardiens mal interpréter les comportements de leurs compagnons à quatre pattes et s'énerver contre eux. Pourtant, ce n'est pas facile d'être un chat, un chien ou un cheval et de vivre avec des humains !

Plus j'ai avancé dans cette voie professionnelle, plus j'ai eu envie d'éclairer les consciences sur les traitements infligés aux animaux en général, et aux animaux d'élevage en particulier. Au-delà de la simple mise en relation entre humains et animaux, j'ai voulu enseigner et transmettre ma pratique de la connexion animale pour améliorer les relations inter-espèces. C'est pourquoi j'ai fondé L'école des animaux en 2019 et j'ai créé des formations en groupe et en individuel. J'ai ainsi formé des centaines de facilitateurs en connexion animale. Et tout naturellement, je suis devenue conférencière pour partager mes connaissances sur les réseaux au plus grand nombre.

Dans la même logique de transmission de mon savoir, je m'adresse à vous aujourd'hui par le biais de ce livre. Il est le fruit de mes années d'expérience et je vais vous raconter tout un tas d'anecdotes et d'histoires qui me sont arrivées grâce à la connexion animale, et dont vous pourrez vous inspirer pour créer votre propre expérience. Étape par étape, vous allez réapprendre à écouter vos ressentis, comme lorsque vous étiez enfant, dans un monde sans l'omniprésence du mental, où tout était à portée de main. Devenir astronaute, infirmière humanitaire, footballeur professionnel et… parler avec son compagnon de jeux à quatre pattes ! Lorsque nous étions enfants, nous étions extrêmement sensibles au reste du vivant. Nous doutions beaucoup moins de nos capacités, et nous ne nous mettions pas autant de barrières : tout était possible. Puis, en grandissant, nous avons mis de côté notre part intuitive et laissé notre mental prendre le pas sur tout ce qui était naturel, inné. Nous nous sommes alors peu à peu coupés de nos ressentis, de notre intuition, de notre faculté à voir l'invisible, à entendre l'inaudible.

Pourtant, cette aptitude reste bien présente, il nous suffit d'aller en ouvrir la porte. Pour vous aider à vous reconnecter à cette capacité extraordinaire qui sommeille en vous, je vais détailler ma méthode et vous donner toutes mes astuces. Vous pourrez alors entrer en connexion avec tous les êtres vivants et les comprendre vraiment. De cœur à cœur. Comme si, eux, les animaux, et nous, les humains, nous ne formions qu'un seul et même tout, malgré la barrière du langage et de l'espèce.

La connexion animale demande de remettre en question nos préjugés et ce qu'on croit savoir, de se laisser emmener par l'animal, familier ou pas, avec lequel on se connecte. Il faut toujours garder en tête cette maxime d'un autre philosophe célèbre, Socrate : « Ce que je sais, c'est que je ne sais rien. » Les animaux ont beaucoup à nous apprendre, ils perçoivent nos potentiels cachés et peuvent nous guider pour nous permettre de nous réaliser. C'est ce qu'ils ont fait avec moi, et c'est aussi le chemin que je vous propose d'emprunter à votre tour.

La connexion animale est donc aussi une excellente manière d'approfondir sa connaissance de soi et de développer ses capacités personnelles. L'idée est de retrouver notre place au sein du vivant et de réapprendre à habiter ce monde autrement.

COMMENT LIRE CE LIVRE ?

Je vous propose de vous initier à la connexion animale en huit étapes clés, jalonnées de citations inspirantes, d'histoires vraies, de techniques, d'exemples, de conseils et d'exercices de mise en pratique pour recevoir les messages de votre animal et lui transmettre les vôtres.

Alors, prêt à vivre cette belle aventure ? Voici les huit étapes, sous forme de chapitres distincts, que nous allons aborder l'un après l'autre :

- Étape 1 : Comment bien se préparer à la connexion animale ?
- Étape 2 : Comment envoyer de l'amour à son animal de compagnie ?

◊ Étape 3 : Comment écouter les émotions de son animal ?

◊ Étape 4 : Comment comprendre les besoins de son animal ?

◊ Étape 5 : Comment découvrir la mission de thérapeute de son animal ?

◊ Étape 6 : Comment se connecter aux animaux sauvages ?

◊ Étape 7 : Comment retrouver un animal perdu ?

◊ Étape 8 : Comment se connecter à un animal décédé et garder le lien ?

Je vous conseille de lire une première fois le livre du début à la fin, avec un petit carnet à côté de vous pour faire les exercices et noter vos impressions. L'ordre est important car les exercices vont crescendo dans leur difficulté. Vous pourrez ensuite revenir facilement sur certaines étapes grâce à la table des exercices et la table des matières qui figurent à la fin du livre.

À noter : dans le livre, lorsque je parle des animaux, je parle des animaux non humains. Pour que le texte soit plus léger à lire, je ne le préciserai pas à chaque fois. Il y aura donc « les animaux » et « les humains ». Dans la réalité, n'oublions pas que nous sommes aussi des animaux, car nous sommes biologiquement des mammifères. Cette précision est importante car c'est typiquement le fait de ressentir que nous faisons partie de la nature et de reprendre notre juste place en son sein qui nous permettra de nous connecter aux autres animaux.

COMMENT BIEN SE PRÉPARER À LA CONNEXION ANIMALE ?

« On a de tout temps considéré que l'homme seul était capable de parler, mais qu'est-ce qui affirme que les animaux sont incapables de parler et que ce n'est pas nous qui sommes incapables de les comprendre ? »

Michel de Montaigne

MON GRAND AMI LE RENARD

En 2015, j'aperçois pour la première fois un renard non loin de chez moi, aux abords de la forêt, alors que je n'en avais jamais croisé aucun auparavant dans ces environs. C'est d'autant plus étonnant que j'y passe le plus clair de mon temps. Je l'observe calmement. Il se rapproche alors rapidement de moi et commence à me tourner autour... Je suis à la fois émerveillée et perplexe : il me manifeste immédiatement une grande confiance, alors que je ne l'ai jamais croisé auparavant sur ce chemin, que j'emprunte pourtant très souvent.

Je décide alors de me connecter à lui pour voir si cela fonctionne entre nous. En pensée, je lui suggère de s'asseoir et il s'assoit. Je lui envoie l'image de lui en train de revenir et il revient... Puis, il se met sur le dos, les pattes en l'air, et se roule près de moi. J'ai alors la sensation que je le connais depuis toujours. Pendant la connexion, mais aussi après, je ressens un profond bien-être, un bonheur réel que je n'avais jamais ressenti avant. Après plus d'une heure en sa compagnie, je le préviens qu'il est temps pour moi de rentrer et l'on se quitte doucement, tous les deux un peu sonnés par l'évidence de notre rencontre.

De retour chez moi, encore chamboulée par cette expérience si intense, je raconte tout à ma mère. Je la sens dubitative...

Pourtant, le lendemain, alors qu'elle jardine, elle le constate d'elle-même puisqu'elle se retrouve nez à nez avec « mon » renard, assis devant notre portail. Il semble attendre quelqu'un… Je ne suis pas sur place ce jour-là, mais le jour suivant, à la même heure, je le retrouve au même endroit. Je sens qu'il n'est pas là par hasard. J'ai l'intuition qu'il m'attendait, comme si nous avions eu rendez-vous… Il reste à côté de moi et se met sur le dos, en m'offrant encore une fois sa confiance en toute vulnérabilité. Je passe un moment avec lui dehors. Et là commence véritablement notre histoire…

Nous prenons l'habitude de nous balader ensemble dans la forêt. Avant de sortir, je lui indique par la pensée mon envie de me promener avec lui, et le lieu où j'aimerais aller. De son côté, il me montre par images où il est et nous décidons ensemble d'un lieu de rendez-vous. En général, il y arrive le premier et m'y attend, sagement assis. Pourtant, l'endroit change à chaque fois ! Parfois, il vient accompagné d'autres renards. Et souvent, je viens avec mon poney. Il marche juste à côté de nous pendant un moment, avant de repartir de son côté. À chaque fois, nos retrouvailles sont gaies, heureuses, libres. C'est le seul individu à me voir réellement telle que je suis, à me voir au-delà des frontières et des masques sociaux. Nous avons passé des soirées inoubliables ensemble, simplement à nous observer et à échanger. Un jour où j'étais très fatiguée, il a même insisté pour me ramener chez moi !

À force de connexions, je décide de le protéger et de l'aider. Je lui explique par exemple comment éviter les routes pour rejoindre la forêt. De son côté, il me donne de nombreux conseils, y compris entre nos rendez-vous. Cela m'arrive sous forme de sons, d'images, et même de petits films : il me rappelle de toujours croire en moi, de ne jamais oublier que je ne suis pas seule ni qui je suis, et de rester concentrée sur ce qui est important pour moi. Un de ses plus précieux conseils ? « Toi seule sais ce qui est juste pour toi. » Il me guide véritablement. Dès que je le vois, je ressens une euphorie immense, une sorte d'énergie puissante qui me traverse et m'apporte beaucoup de joie.

Petit à petit, je me suis habituée à nos retrouvailles, elles sont même devenues tout à fait naturelles, alors qu'au début, elles me paraissaient si magiques, à la limite du fantastique ! J'ai fini par le considérer comme un ami à part entière, ou plutôt un membre de ma famille. Ma sœur l'a nommé Méli-mélo, et je trouve que ça lui allait bien !

Cette communication riche et sincère, qui tient sur la durée, est la preuve qu'une amitié inter-espèce est possible lorsqu'on abolit les murs qui nous séparent, et que l'on revient à nos qualités d'empathie premières. Ce sont des rencontres comme celle-là qui vous attendent sur le chemin de la connexion.

COMPRENDRE LA QUINTESSENCE DE LA CONNEXION ANIMALE

La connexion animale permet de répondre à cette question simple : si on donnait la parole humaine à un animal, que nous dirait-il ?

J'aime définir la connexion comme une capacité qui nous permet de nous connecter aux animaux et de découvrir ce qu'ils pensent, ressentent et vivent… en toute simplicité et authenticité. Et ainsi écouter ce qu'il se passe à l'intérieur de ces boules de poils, de plumes ou d'écailles, comprendre qui ils sont vraiment et ce qu'ils aimeraient exprimer.

L'idée maîtresse ? Nous n'avons rien à apprendre de nouveau, mais plutôt à désapprendre ce que l'on a intégré jusqu'alors : la séparation entre la nature et la culture, la hiérarchisation des différents êtres vivants, et surtout, le fait que seules certaines personnes sont intuitives par nature.

Mettons donc fin au suspense : la communication animale n'est pas et ne sera *jamais* un don. C'est une capacité naturelle que nous avons tous en nous, mais qui s'est perdue au fil du temps, quand le mental a pris le dessus sur l'instinct. La bonne nouvelle ? On peut retrouver l'usage de cette compétence en se remettant dans un certain état d'esprit.

Le pouvoir de l'empathie

Cette connexion, nous pouvons l'obtenir grâce à l'empathie. Qu'est-ce exactement ? L'empathie vient du grec *pathos* (« souffrance », « passion », « affect », « douleur ») associé au préfixe *em-* (« dans »/« dedans »). Selon *Larousse*, c'est la « faculté intuitive de se mettre à la place d'autrui, de percevoir ce qu'il ressent ». C'est cette capacité de s'identifier à l'autre dans ce qu'il ressent au plus profond de lui.

Quand on ressent de l'empathie pour un animal, celle-ci nous donne la possibilité de prendre sa place. On ne sera pas dans l'interprétation mais dans l'écoute juste. C'est ce que nous allons apprendre à redécouvrir, à gérer et à cibler pour créer un contact authentique avec un être en particulier.

Le mot « animal »

« L'animal, quel mot ! C'est un mot, l'animal, c'est une appellation que des hommes ont instituée, un nom qu'ils se sont donné le droit et l'autoritée de donner à l'autre vivant », disait Jacques Derrida.

Un petit détour par le dictionnaire me semble donc utile… Selon *Larousse*, le terme « animal » se définit d'abord « par opposition à végétal » : c'est un « être vivant organisé, généralement capable de se déplacer et n'ayant ni chlorophylle, ni paroi cellulaire cellulosique ». Et dans un deuxième temps, « par opposition à homme » : c'est « un être animé, dépourvu de langage articulé ».

Or, si on se penche sur l'étymologie, le terme « animal » vient du latin *animal, -alis*, « être vivant », et de *anima*, « souffle » (ou « air »), principe de vie, que l'on peut traduire par « qui possède une âme ».

Originellement, l'homme est donc un animal comme les autres, même s'il a voulu par la suite se différencier des autres animaux…

Je n'ai pas inventé le concept de la connexion animale. De nombreuses communautés indigènes l'utilisent depuis des millénaires. C'est le cas actuellement de communautés d'Amérique du Sud comme les Tikunas, en Colombie amazonienne, ou les Shipibos qui travaillent avec des plantes et la forêt amazonienne au Pérou et bien d'autres… Leur point commun ? Ces communautés vivent avec le reste de la nature. Elles ont conscience d'appartenir à la nature et n'ont pas « l'orgueil » de se sentir supérieures aux animaux. Elles évoluent, dans une connexion très forte avec la Terre, qu'elles considèrent comme notre mère à tous : la « Pachamama » (qu'on pourrait traduire par « Terre Mère »). Un jour, dans la forêt amazonienne, un homme de la communauté péruvienne des Wayruru m'a dit : « Cet arbre est triste parce qu'il est entre deux frontières, et a été témoin de conflit pour sa parcelle. » Pour lui, c'était normal de converser avec l'arbre. Et ce serait tellement beau que cette connexion devienne la norme. On ne pourrait plus exploiter les animaux, on serait obligé de créer un nouveau monde avec eux, de les écouter, et on se comprendrait !

Comment fonctionne notre intuition ?

En plus de l'empathie, la connexion animale fait appel à notre intuition.

En tant qu'être vivant, nous sommes constitués principalement d'énergie. Ainsi, en plus de transmettre cette sorte de courant électrique entre nous, nous sommes capables de développer et de partager des émotions et des ressentis. Or, ces émotions et ces ressentis peuvent se synchroniser avec d'autres êtres faits, eux aussi, d'émotions et de ressentis. D'autres personnes humaines ou… animales.

Nous pouvons dire que ressentir est quelque chose de naturel, c'est ce qui nous rend profondément vivants. Par exemple, vous « savez » quand votre partenaire de vie ne se sent pas bien, qu'il est préoccupé, même s'il ne vous dit rien de particulier. Ou encore, nous avons tous déjà pressenti l'annulation d'un évènement par exemple. C'est le fameux « Ah, j'en étais sûr » ou « Ah, je le savais ».

Cela vous est même peut-être arrivé de sentir qu'un membre de votre entourage ou un ami qui vous est cher a besoin d'aide. Vous ne savez pas comment c'est possible, mais cette intuition vous pousse à le contacter. Vous constatez alors que cette personne a réellement besoin de vous à cet instant précis.

Mais comment le savions-nous ? Qui nous a donné cette information ? Notre intuition. De même, quand vous rencontrez quelqu'un, dès la première impression, vous « sentez » ou vous « ne sentez pas » cette personne. Pourtant, vous ne la connaissez pas. Le verbe utilisé dans cette expression est le verbe « sentir », qui nous montre qu'au-delà de l'apparence, de son masque social, de son style vestimentaire, nous avons ressenti quelque chose d'autre, de plus profond et de plus authentique.

Pressentiments, premières impressions, sensations inexplicables... Nous accueillons donc ces informations en nous, nous les ressentons et nous les traitons inconsciemment.

La même longueur d'onde

Ne dit-on pas dans le langage courant « nous sommes sur la même longueur d'onde » pour signifier « on se comprend », sans même avoir besoin de discuter ?

Et si nous pouvions choisir d'être sur la même longueur d'onde qu'un animal en particulier ? Comme si on se branchait sur sa fréquence afin de l'entendre et de le comprendre ? Eh bien, je vous l'assure, c'est possible et c'est ce que nous allons apprendre à faire.

Mais avant, revenons sur les ondes – sans faire de cours de physique, je vous rassure ! Des chercheurs en neurosciences[1] du Princeton Baby Lab de l'université de Princeton aux États-Unis ont publié une étude dans la revue *Psychological Science* qui a montré que les ondes des adultes se synchronisent avec celles des bébés avec lesquels ils jouent. Cette étude montre aussi que cette synchronisation permet aux parents de prédire les comportements du bébé et de mieux les appréhender. Les bébés étant majoritairement en ondes thêta et alpha (voir encadré plus bas), tout comme les animaux, on peut imaginer qu'il est tout aussi naturel de se synchroniser avec un animal, et donc de se mettre sur la même longueur d'onde.

---

1. https://journals.sagepub.com/doi/full/10.1177/0956797619878698?journalCode=pssa 2019 par Elise A. Piazza, Liat Hasenfratz, Uri Hasson, et Casey Lew-Williams.

Le fait que les enfants sont sur la même fréquence que les animaux pourrait expliquer qu'ils les comprennent si souvent. En effet, il n'est pas rare qu'un enfant capte les envies de son chien, sans être dans la même pièce que lui. Pour avoir donné des ateliers à des enfants de 7 à 10 ans, je peux vous dire que la connexion animale est pour eux d'une évidence troublante. Ils disent ce qui leur vient, de manière extrêmement naturelle, et tout est toujours juste.

Le point sur les ondes

De nombreuses études ont été faites sur le cerveau et plus particulièrement l'activité cérébrale, en lien avec la méditation, la connexion animale, ou encore, les états de conscience modifiée.

Notre cerveau produit des ondes vibratoires différentes en fonction de notre état d'activité mentale :

- Les ondes delta (de 0,5 à 4 Hz) sont émises par un cerveau en sommeil profond.

- Les ondes thêta (de 4 à 8 Hz) sont émises par un cerveau lors d'une relaxation profonde ou lors d'une séance d'hypnose.

- Les ondes alpha (de 8 à 12 Hz) sont émises par un cerveau lors d'une relaxation légère. Cet état est suffisant pour se connecter aux animaux.

- Les ondes bêta (de 12 à 30 Hz) sont émises par un cerveau en activité.

Jusqu'à l'âge de 6 ans, nous évoluons principalement en ondes thêta, puis petit à petit, l'insouciance s'étiolant progressivement, nous passons en ondes bêta.

Au quotidien, tout ce qui nous permet de ralentir notre activité cérébrale va nous servir lors des connexions. En effet, des animaux comme les chiens vont naviguer principalement en alpha, delta, thêta et bêta. Les dauphins et les baleines évoluent quant à eux en mode thêta. C'est pour cela qu'il n'est pas possible de se connecter avec les animaux lorsque nous sommes en ondes bêta, car notre attention et notre énergie sont dirigées ailleurs. Nous ne sommes pas sur la même longueur d'onde qu'eux.

Pour communiquer avec les animaux, nous devons passer en ondes delta, thêta ou alpha, ce qui est tout à fait possible avec un peu d'entraînement. Les chercheurs ont prouvé que le simple fait de passer d'une activité intense à une activité plus calme nous faisait émettre des ondes différentes.

Voici quelques activités qui vous aideront à émettre des ondes de fréquence plus basse : méditer, marcher dans la nature, dessiner, danser, jouer de la musique... On remarque que, plus on respire profondément et calmement, plus on ramène le calme en soi, moins notre activité cérébrale est intense.

Pour la petite histoire, je me souviens un soir de 2018... J'étais dans le métro parisien à l'heure de pointe, en pleine rumination. Tout à coup, une amie m'appelle pour me dire que sa chienne, âgée de 9 ans, est en train de mourir et qu'elle aimerait savoir maintenant ce qu'elle ressent et quels sont ses besoins. Je respire, je ramène le calme en moi et, en une seconde, je suis en mesure de réaliser la connexion – alors que, je le rappelle, je suis dans le métro bondé et que ma tête est pleine de choses à faire ! Ainsi, il est tout à fait possible de passer d'un mode à l'autre extrêmement rapidement, même si cela demande de l'entraînement au préalable.

Un langage à part

On dit souvent – à tort – que les animaux ne parlent pas. En fait, ils ne parlent pas le même langage que nous. Les animaux communiquent entre eux à leur manière, à travers des gestes, des signes, des odeurs et des ressentis. En toute logique, nous pouvons nous aussi communiquer avec eux de la même manière (gestes, signes, ressentis…). Cela nous demande simplement de lâcher notre mode de communication principale, la parole, d'apprendre leur langue à eux, et surtout, de réapprendre à écouter.

Communication ou connexion animale ?

Je préfère le terme « connexion » à celui, pourtant plus utilisé, de « communication » animale.

La communication animale implique une attente, celle de dialoguer avec un animal comme avec un être humain, et place la personne dans une posture de demande. Or, comme nous allons le voir, nous devons arriver neutres, sans attente, face à un animal pour réellement entrer en contact avec lui.

La connexion, quant à elle, laisse plus d'espace, de liberté et de possibilités à l'échange. Elle nous permet d'aller plus loin, de découvrir qui est vraiment l'animal, au-delà des mots.

SE METTRE EN POSITION DE RECEVOIR

Pour se connecter à un animal, il faut s'ouvrir aux informations. Cela signifie être prêt à recevoir ce qu'il veut échanger avec nous, sans jugement ni *a priori*.

S'ouvrir pleinement aux informations

C'est exactement comme un ami qui vous parle et vous raconte ce qu'il a vécu la veille, ses difficultés actuelles, ses peurs, ses doutes… Quand vous l'écoutez, vous êtes là pour lui, pleinement prêt à recevoir ce qu'il veut vous partager. Vous l'écoutez simplement avec le cœur, et vous ne passez pas toute la soirée à l'interrompre pour ramener la discussion à vous. Et parfois, cette personne n'a pas besoin de conseils, elle attend simplement de l'écoute. Eh bien, l'échange se déroule de façon tout à fait similaire lors d'une connexion animale. Vous êtes prêt à écouter… et vous écoutez. Bien entendu, il faudra faire venir le calme pour laisser de l'espace à votre interlocuteur. Mais une fois ce détail technique réglé, vous allez recevoir des messages.

Petite précision : être prêt à recevoir signifie aussi être prêt à *tout* recevoir. Vous ne pourrez pas trier les informations agréables des informations désagréables. Pour revenir à l'exemple de l'échange amical : si un ami vous raconte le harcèlement qu'il subit, vous ne lui demanderez pas de se taire parce que c'est trop difficile pour vous à entendre, ou parce que vous culpabilisez de ne pas l'avoir aidé avant. Si vous vous lancez dans la connexion animale, c'est pareil : soyez prêt à tout écouter, le bon comme le moins bon. Il faut être prêt à entendre comme notre animal nous aime, mais aussi revenir sur les situations que nous avons mal gérées, les gestes inappropriés que nous avons eus. Soyez sans crainte, ce n'est pas du tout un tribunal des gardiens (les humains qui hébergent des animaux). Les animaux ne sont pas rancuniers, ils ne nous en veulent pas, et ne font véritablement jamais de reproches. Ils disent les choses comme elles sont. Si la rancune n'existe pas chez eux, ils peuvent toutefois avoir vécu des choses plus ou moins agréables pour eux. Ainsi, ils peuvent profiter de cette communication pour exprimer des besoins qui ne sont pas satisfaits (car pas compris par les humains).

IDÉE REÇUE

« Il faut avoir un don pour faire de la connexion animale. » C'est faux.

Tout le monde, sans don de clairvoyance particulier, peut se connecter et échanger avec les animaux.

Le principe est simplement de réapprendre à écouter. Je crois fondamentalement que, si nous en sommes là aujourd'hui, c'est parce que nous manquons cruellement d'écoute. J'entends par là l'écoute réelle, ce moment où on laisse pleinement l'espace à l'autre. Humain ou non humain peut alors exprimer ce qu'il souhaite, sans couper l'autre, sans se projeter ou s'identifier, mais aussi sans chercher à donner un conseil en retour. Juste écouter, simplement. Et le fait d'apporter de l'écoute aux animaux peut être un cadeau merveilleux pour eux.

Je me souviens d'une connexion avec une jument en centre équestre qui était très émue qu'on lui laisse la possibilité de s'exprimer. Elle vivait dans un environnement où elle se sentait vue comme un objet, sans que personne prenne vraiment du temps avec elle, elle n'existait que pour qu'on lui monte dessus. Le fait qu'un jour, on décide de faire une connexion, de lui laisser l'espace pour s'exprimer, rien que ça, sans rien de plus, lui a fait beaucoup de bien et nous avons même pleuré ensemble.

Pour vous montrer que les messages des animaux peuvent parfois être étonnants, je vais vous raconter une de mes premières connexions animales. Un jour, à la demande d'une mère de famille, je suis entrée en contact avec la tarentule qui vivait dans leur foyer en Californie. Cette tarentule m'a tout de suite montré son lieu de vie, et en particulier une poutre en bois qu'elle voyait au-dessus de son vivarium, lui-même placé dans une pièce très sombre. Or, elle souhaitait voir la lumière et le soleil. Elle m'a alors expliqué qu'elle avait des pierres et un « trou » pour se protéger de la lumière, mais qu'elle voulait tout de même avoir accès au soleil. À la fin de ma connexion, comme toute personne remplie de doutes, j'ai fait des recherches sur Internet, et je me suis aperçue que les tarentules détestent la lumière, c'est d'ailleurs pour cela qu'elles ne sortent que la nuit. Et pour avoir « cohabité » avec des tarentules plus tard dans la jungle, je confirme que c'est bien le cas : il est impossible de les voir durant la journée, elles ne sortent que la nuit. À l'époque, j'ai tout de même passé le message aux gardiens de la tarentule, par respect pour elle. Sa famille l'a donc changée de place pour lui donner accès à la lumière du jour. Tout est ensuite rentré dans l'ordre : son comportement a changé, ses gardiens la trouvaient plus heureuse et mieux sur ses pattes, ce que les connexions suivantes ont confirmé.

Vous voyez bien, à travers cet exemple, que le message principal reçu peut être perturbant, illogique et imprévisible, mais il est toujours intéressant et important d'en tenir compte.

BON À SAVOIR

Ce que je transmets ici n'a pas pour but de vous faire culpabiliser. Je suis convaincue que vous faites toujours de votre mieux, en fonction des informations que vous avez en votre possession.

La communication animale est là pour vous faire passer un cap dans la compréhension des besoins de votre animal. Vous pourrez ainsi changer votre façon d'agir pour encore mieux vous occuper de lui.

Ne pas complexifier l'échange

À votre avis, quel est le frein le plus important à la connexion animale ? Je vous donne la réponse : notre mental, qui rend très compliquée une activité très simple. Oui, très simple, je pèse mes mots.

Depuis qu'on est tout petit, on nous apprend que ce qui est simple n'a pas de valeur. Avec ce schéma en tête, de manière consciente ou inconsciente, nous avons tendance à complexifier les choses simples. Et c'est exactement ce qui se passe avec la connexion animale : c'est tellement facile que cela brouille nos cartes mentales. Il nous est difficile d'accepter d'obtenir autant de résultats d'une manière aussi simple, ainsi nous compliquons la chose.

La connexion animale nous fait douter, car les informations arrivent trop simplement, on peut avoir une pensée qui nous vient, une sensation dans notre corps, sans avoir rien fait de particulier. Cette simplicité est surprenante, on n'en a pas l'habitude et il est tentant de remettre en question les informations reçues. Je vois, lors des formations que je donne, que c'est une réaction très courante des participants : « Ça ne peut tout de même pas être aussi simple ! »

Il est essentiel de déconstruire ce que nous avons appris jusqu'à présent afin de nous relier à notre part purement instinctive.

DÉCONSTRUIRE SA PROPRE VISION

Faire table rase du passé et oublier tout ce que l'on a appris… Facile à dire, mais concrètement, comment faire ? Le secret est de retrouver l'enfant que vous étiez. Cet enfant doux et attentif à son environnement, qui aimait voir la vie de manière simple et évidente, sans se prendre la tête ! Voici quelques pistes pour renouer avec ce petit être sans limites, et ainsi déconstruire sa vision d'adulte.

Oublier les « je sais »

Pour réussir à se connecter, il est nécessaire d'adopter une posture neutre : le fameux « je sais que je ne sais rien ». Ainsi, vous apprendrez à regarder votre animal sans *a priori*, à vous laisser surprendre, et à voir les choses autrement.

La bonne attitude : posez-vous des questions sous forme de « et si » : « Et si je ne le connaissais pas ? », « Et si je ne savais rien de lui ? »… Cela permettra de faire voler en éclats vos certitudes afin de laisser émerger des informations nouvelles et personnelles sur votre animal.

Sortir de notre monde protocolaire

De la manière dont on s'habille à celle dont on s'exprime, en passant par notre façon de travailler… Nous vivons dans un monde où tout est normes, règles et protocoles. Lorsqu'on voyage, on se rend assez vite compte que nos façons d'être, de faire et de penser sont loin d'être universelles. Ce sont des protocoles, et je ne les ai jamais compris – peut-être parce que j'ai un esprit qui cherche toujours à mettre un sens derrière mes actions.

J'aimerais qu'à travers la connexion animale, chacun puisse se sentir libre de s'exprimer comme il le souhaite, mais aussi que chacun, avec son fonctionnement et sa manière d'être, se sente accueilli et à sa place. Or, si je donne un protocole à suivre qui serait le même pour tous, je ne m'exprime pas à tous les individus uniques que nous sommes. Et cette connexion doit être accessible à tous, indépendamment de notre manière de réfléchir, de notre sensibilité, etc.

Cela peut sembler paradoxal pour quelqu'un qui veut transmettre des clés pour se connecter à son animal. Mais finalement, pas tant que ça. Ainsi, je ne vous dirai pas : « Il faut faire ça comme ça et comme ça, point. »

La bonne attitude : n'hésitez pas à adapter les conseils et les astuces que je vous donne dans ce manuel. Je vous livre ce qui a fonctionné pour moi et pour certaines personnes que j'ai formées, mais ce ne sont que des grandes lignes et des repères, rien n'est figé. Laissez parler votre créativité, et surtout vos ressentis et intuitions.

Lâcher toutes les formes d'interprétation et d'anthropomorphisme

La chose la plus difficile à faire est sans doute de déconstruire nos préjugés, tant nous avons pris l'habitude de considérer les animaux avec nos yeux d'humains. Quand nous les regardons à travers notre propre prisme, nos interprétations sont toujours biaisées.

L'anthropomorphisme, c'est justement cette tendance à attribuer aux animaux des réactions humaines.

Par exemple, dire « ce chien est jaloux » peut relever de l'anthropomorphisme quand il est une projection d'un sentiment humain sur un chien. De plus, c'est un qualificatif souvent utilisé par les gardiens comme une étiquette enfermante et réductrice.

De même, quand on déclare « ce cheval est heureux car je lui donne des carottes et je lui fais des câlins », on calque nos émotions et nos ressentis humains connus sur un animal non humain. Certes, un cheval peut aimer les câlins et les carottes, mais il a surtout besoin de marcher et de brouter seize heures par jour minimum, en compagnie de ses pairs. Étant un être social et grégaire, il ne peut être heureux en box, même avec des câlins et des carottes. C'est un animal adaptable et il s'est donc adapté à l'homme. Mais tant que ses besoins vitaux d'espèce cheval ne sont pas respectés, il ne peut être pleinement épanoui.

En revanche, quand je remets en question l'usage du mors sur les chevaux car c'est un instrument archaïque qui les fait souffrir, je ne suis pas dans l'anthropomorphisme : je ne projette pas sur eux ma propre souffrance, mais je m'appuie sur mes observations, des études scientifiques et les manifestations de douleur propres aux chevaux pour en conclure que c'est mauvais pour eux.

La connexion animale nous incite donc à observer et à nous poser des questions sur le bien-être animal réel, en remettant en cause nos croyances ancrées en nous depuis longtemps.

La bonne attitude : lâchez vos certitudes et changez de prisme. La connexion animale vous invite à adopter le point de vue de votre animal de compagnie, et non à projeter le vôtre sur lui.

Ne pas avoir d'attentes

La connexion animale est un moment d'échanges magique et enrichissant, à condition de ne pas la commencer avec une liste de courses longue comme le bras – c'est le meilleur moyen d'être déçu !

La bonne attitude : adoptez une position d'ouverture, avec un état d'esprit sur le mode « tout est possible ». C'est comme cela que vous n'aurez pas d'attentes de résultats, que vous ne vous fixerez pas de but précis de la connexion.

Ne pas se mettre la pression

J'ai écrit plus haut que la connexion animale était facile… La seule difficulté consiste en fait à ne pas y mettre trop d'enjeux en voulant « réussir » à tout prix ! Si vous ne recevez rien d'une connexion, acceptez-le et valorisez aussi ce temps que vous passez à essayer, ce n'est pas perdu.

À nous de construire une nouvelle façon d'apprendre, dans la simplicité et le jeu. Ne considérez pas la connexion animale comme une énième obligation à ajouter sur votre *to-do list* – qui est déjà sûrement bien longue ! « C'est un jeu, un jeu sans enjeux », comme avait l'habitude de le dire mon renard. Alors jouons, amusons-nous, essayons et recommençons encore !

La bonne attitude : voyez la connexion animale comme quelque chose de sympathique, d'amusant ou de poétique. Et n'oubliez pas que vous débutez dans cette discipline, alors allez-y étape par étape, à votre rythme.

OUVRIR L'ESPACE DE LA CONNEXION

L'objectif ici est de rendre envisageable, et surtout possible dans votre tête, l'espace de connexion avec votre animal. Pour cela, posez-vous quelques questions et répondez-y avec le cœur, en toute sincérité.

Mon conseil : consacrez un carnet spécial à la connexion animale pour faire ces exercices et retranscrire vos expériences. Vous pourrez le relire si besoin, ou simplement pour constater avec plaisir le chemin parcouru.

Question numéro 1 : Pourquoi aimeriez-vous vous connecter aux animaux en général ?

Cette question, sous son air trivial, est fondamentale et permet de faire la lumière sur ce qui est essentiel pour vous dans cette connexion. C'est une question qu'on ne se pose que trop rarement lorsqu'on se lance dans une nouvelle « discipline ». Savoir situer le curseur personnel de nos attentes ajoute du sens et nous permet de ne surtout pas lâcher quand le doute arrive.

Peur de la page blanche ? Vous pouvez répondre en relançant un « pourquoi » à la fin de chacune de vos phrases. Prenons un exemple :

« Pourquoi est-ce important pour toi d'apprendre la photo ?

– Parce que cela va me permettre de mettre en valeur la beauté de cette Terre.

– Pourquoi est-ce important de mettre en valeur la beauté de cette Terre ?

– Parce que, si on découvre sa beauté, on aura d'autant plus envie de la protéger.

– Pourquoi est-ce important de la protéger ?... »

Et ainsi de suite...

Le principe de cette question est de mieux cerner ce qui est vraiment important pour vous, ce qui vous fait vibrer. Les personnes sensibles apprécieront de mettre des mots sur leurs ressentis. Cela peut parfois faire remonter certaines émotions : accueillez-les simplement quand elles arrivent et écoutez-les.

Question numéro 2 : Sur une échelle de 1 à 10, à quel point êtes-vous prêt à entendre et à écouter les animaux ?

Si vous n'êtes pas à 10, alors demandez-vous ce qui vous effraie dans cette connexion : de quoi avez-vous peur ? Quel sujet n'aimeriez-vous pas aborder, par exemple ? Quelle part de vous-même peut freiner cette connexion ?

Question numéro 3 : Quelles sont vos attentes quant à votre première connexion ?

Pour vous aider à répondre, demandez-vous ce que vous espérez de cette connexion. Sous quel angle l'abordez-vous ? C'est-à-dire : qu'est-ce qui est important pour vous dans cette connexion ? Quel est le besoin auquel la connexion pourrait hypothétiquement répondre ? (Besoin d'amour, besoin de lien...)

Je tiens à préciser que nous sommes tous touchés par des choses différentes et notre volonté de nous connecter varie ainsi en fonction de cette singularité. Sachez qu'il n'y a pas de mauvaises réponses ici.

LA QUESTION DU CONSENTEMENT

Lors d'une connexion, on ne demandera pas frontalement à l'animal s'il accepte l'échange, mais on va plutôt l'inviter à venir vers nous. S'il accepte, cela signifie qu'il est d'accord pour établir la connexion. Si, au contraire, il n'en veut pas, il pourra faire demi-tour et vous ne devez pas en prendre ombrage, cela est tout aussi OK, comme on dit. L'idée est d'accepter son choix, afin que la connexion se passe bien à un autre moment. Mais, rassurez-vous, le plus souvent, les animaux sont très heureux de venir vers vous pour participer à une connexion afin d'être (enfin) entendus.

C'est un peu le même principe dans la vie de tous les jours : il est déconseillé d'aller voir un animal qui n'est manifestement pas disponible. Lorsque vous voyez un animal dormir par exemple, n'allez pas le caresser... même s'il est « trop mignon ». Laissez-le dormir tranquillement, attendez qu'il vienne réclamer des câlins. Cette attitude plus juste permet de respecter son corps et de ne pas entrer dans son espace sans lui demander l'autorisation. Lorsque je vais voir des chevaux au pré, je ne me jette pas sur eux, je les laisse venir à moi. Un animal n'est pas une peluche, ni un objet, et comme pour tout individu, il est très important d'obtenir son consentement avant d'entrer en contact avec lui.

Mon conseil : adaptez-vous aux besoins de votre animal, et caressez-le uniquement s'il vous le demande clairement.

LES ENSEIGNEMENTS DE MICHEL DE MONTAIGNE

Lisez cet extrait, et prenez le temps d'y réfléchir.

« Nous admirons et apprécions mieux les choses qui nous sont étrangères que les choses ordinaires [...] car à mon avis, celui qui examinerait de près ce que l'on peut voir chez les animaux qui vivent parmi nous pourrait trouver chez eux des choses aussi admirables que celles que l'on recueille dans les pays étrangers et à d'autres époques.

C'est une même nature qui s'y manifeste. Celui qui en aurait évalué l'état actuel pourrait certainement en tirer la connaissance de son passé comme de son futur.

J'ai vu autrefois des hommes amenés par mer de lointains pays, et parce que nous ne comprenions pas leur langage, et que leur comportement, leur attitude, leurs vêtements, étaient très éloignés des nôtres, qui d'entre nous ne les considérait pas comme des sauvages et des brutes ?

Qui n'attribuait à la stupidité et à la bêtise le fait qu'ils soient muets, ignorants de la langue française, ignorant nos baisemains et nos révérences contorsionnées, notre port et notre maintien...

Comme s'il s'agissait du modèle auquel doit forcément se conformer la nature humaine ! Nous condamnons tout ce qui nous semble étrange, et que nous ne comprenons pas. Il en est de même dans le jugement que nous portons sur les animaux : ils ont bien des traits qui s'apparentent aux nôtres et dont nous pouvons tirer, par comparaison, quelque conjecture. »

Michel de Montaigne,
Les Essais, 1580.

LES 3 IDÉES CLÉS DU CHAPITRE

- La connexion animale est une pratique facile basée sur l'empathie et l'intuition.
- Adaptez-vous à la disponibilité de votre animal et attendez le bon moment pour vous connecter.
- Créez un espace propice à l'échange grâce à l'émission d'ondes alpha, delta ou thêta : soyez ouvert à toutes sortes d'informations et acceptez d'en recevoir qui ne sont pas forcément agréables.

COMMENT ENVOYER DE L'AMOUR À SON ANIMAL ?

« L'amour pour toutes les créatures vivantes est le plus noble attribut de l'homme. »

Charles Darwin

MANGO ET PINA, LES DRÔLES DE PERRUCHES

Mango est la perruche d'une amie à moi, avec qui j'ai eu l'occasion de me connecter de nombreuses fois avec grand plaisir ! C'est un peu l'ami que l'on rêve d'avoir, drôle et toujours prêt à partager sa gaieté. Pourtant, on ne peut pas le deviner car il reste très discret tant qu'on ne lui parle pas directement.

Ses gardiens voulaient comprendre pourquoi il mordait tout le temps le bout de leurs doigts... Malgré sa bonne humeur apparente, il y avait chez Mango un fond de tristesse que j'ai tout de suite ressenti. En me connectant à lui, j'ai découvert qu'il cherchait à les alerter sur quelque chose qui le dérangeait. Il me montrait des scènes où les parents boudaient ou se disputaient violemment – les deux adolescents préféraient alors s'isoler dans leur chambre pour éviter les conflits. C'était une ambiance désagréable et difficile à supporter pour l'oiseau. Mango disait qu'il ne comprenait rien aux relations humaines : « Il faut apprendre à s'exprimer et chercher à se comprendre. Crier et s'énerver n'apportent rien. » En leur mordant le bout des doigts, Mango leur montrait qu'il ne supportait plus ce climat. Il brandissait un miroir à ses gardiens et leur mettait sous les yeux le reflet de leur propre moyen d'expression : la violence. Il leur demandait ainsi d'apprendre à communiquer autrement, tous ensemble.

Suite aux révélations de ces connexions, les gardiens de Mango ont changé d'attitude et ont appliqué à la lettre mes recommandations : ils ont essayé de parler davantage entre eux, et même de chanter devant Mango pour lui faire plaisir, pour mieux prendre en compte ses besoins. La petite perruche, satisfaite, a ainsi cessé de mordre les doigts.

Pourtant, Mango avait toujours du mal à trouver sa place au sein de sa famille. Lors des connexions, il me faisait énormément rire. Je lui ai donc conseillé de faire de même dans sa vie. Il s'est alors mis à faire le pitre, à s'amuser et à sauter partout... Il est devenu le clown de service afin de chasser sa mélancolie et d'apaiser le climat ambiant. En faisant rire toute la famille, il est très vite devenu le centre de l'attention. Cette nouvelle situation lui procurait beaucoup de plaisir. Par la suite, Mango a même pris un rôle de thérapeute familial.

Pina, une nouvelle perruche, est ensuite arrivée à la maison. Il s'est vite avéré que les deux perruches avaient deux caractères diamétralement opposés, mais elles étaient obligées de se côtoyer... Selon Mango, Pina, plus jolie et facile à gérer, car plus douce et moins tenace, était un peu plus câlinée et appréciée par les membres de la famille. Une sensation de profonde jalousie a alors envahi Mango. Son comportement indésirable reprit de plus belle. Mais cette fois, en plus de mordre les doigts de ses gardiens, il s'attaquait physiquement à Pina.

J'ai passé des heures à convaincre Pina de faire attention à Mango, et inversement, j'ai demandé à Mango de mieux considérer Pina. Je répétais aussi à sa famille de ne surtout pas laisser Mango de côté, et de s'occuper autant de lui que de Pina.

Au final, tout le monde a fait des efforts et Mango a retrouvé sa place de clown de la famille lors de vacances au Portugal. Pina, elle, aimait simplement être admirée pour ses belles couleurs. Ainsi, chacun a de nouveau reçu toute l'attention méritée.

En parallèle de mes connexions, j'ai aussi compris que cette problématique de place et d'attention concernait les gardiens. Dans cette dynamique familiale particulière, j'ai accompagné aussi bien les perruches que les humains à trouver leur juste place et à exprimer leur singularité. Et ce, grâce aux messages des deux perruches.

CRÉER UN FIL D'OR AVEC SON ANIMAL

Pour tisser un lien fort avec votre animal, commencez par écouter votre cœur et à développer votre empathie…

Se brancher sur son cœur

Vous avez sans doute déjà entendu parler de l'indispensable taux vibratoire élevé pour se connecter aux animaux. Je ne suis pas tout à fait d'accord avec cette injonction, élitiste et fausse. D'ailleurs, je vous invite à vous méfier des personnes qui disent avoir un taux vibratoire élevé. Elles sous-entendent que d'autres en ont un moins élevé et donc, en sous-texte, qu'elles sont « meilleures » que les autres. Et je pense que cette idée, qui perpétue des hiérarchies, n'a pas sa place dans le domaine de la connexion animale.

Vous entendrez aussi que, pour prendre soin de ce fameux taux vibratoire, il faut se couper de tout ce qui nous fait baisser en vibration : l'actualité, certaines personnes, certaines situations… Ce qui heurte et touche votre sensibilité, vous touchera toujours, et laissera toujours une trace, même si vous ne regardez pas l'actualité. D'ailleurs, les informations essentielles arriveront toujours jusqu'à vous. Croyez-en mon expérience de grande spécialiste du déni, et de la politique de l'autruche : on ne peut pas vivre dans une grotte et fuir indéfiniment le monde dans lequel on vit.

En revanche, nous pouvons essayer de le changer et d'y apporter de la lumière à notre façon. S'il faut « travailler notre taux vibratoire », je vous conseillerais de commencer par renforcer votre empathie. Car, à date, il n'y a rien de plus élevé au niveau vibratoire que l'amour. Et cela me semble le fondement de l'empathie.

En prenant soin de vous... et des autres

Oui, vous avez bien lu : je suis intimement persuadée que prendre soin de soi nous relie aux autres, et donc aux animaux.

Prendre soin de soi revient à prendre soin de son corps, mais aussi de sa santé mentale et de son énergie. Vous avez sûrement déjà entendu dire qu'il faut d'abord prendre soin de nous avant de s'occuper des autres. Pourtant, de nombreuses études montrent que la clé du bonheur se trouve plutôt dans l'empathie, dans la compassion et dans le lien avec les autres. Une étude, publiée dans la revue *Nature*, menée à Harvard[1], confirme que les liens tissés avec les autres sont ce qui nous rend le plus heureux. Six chercheurs de différentes universités (Zurich, Chicago et Lübeck) ont même montré que la générosité[2] active automatiquement un sentiment de bonheur chez la personne qui offre un cadeau. En conclusion, la générosité rendrait heureux. Une autre étude[3], menée par le neuroscientifique Marco Iacoboni, montre que notre empathie nous rendrait cette fois... généreux. En effet, le scientifique démontre que, plus le sentiment d'empathie est développé – et donc

1. www.cnbc.com/2023/02/10/85-year-harvard-study-found-the-secret-to-a-long-happy-and-successful-life.html
2. www.microdon.org/blog/etude-generosite-heureux/2017/08/01
3. https://newsroom.ucla.edu/releases/your-brain-might-be-hard-wired-for-altruism

plus la zone du cerveau responsable de la capacité à se mettre à la place de l'autre (le cortex cingulaire antérieur « *subgenual* ») est active – plus la générosité est importante.

Évidemment, cela ne veut pas dire qu'il ne faut pas prendre soin de vous, mais de le faire à votre manière. Et d'ainsi oublier les multiples injonctions qui existent sur comment faire, et ce que l'on doit faire pour prendre soin de soi. On est assailli, notamment dans le domaine du *selfcare*, d'injonctions à faire ceci ou cela. À mon sens, il est intéressant de garder le discernement nécessaire pour savoir ce qui nous correspond vraiment ou non. Comme se lever à 5 heures du matin, boire un verre d'eau et de citron au réveil, méditer quinze minutes minimum, trouver son mantra... L'humanité n'étant pas un groupe homogène, les besoins de chacun d'entre nous et les leviers d'action pour nous faire du bien sont tout aussi différents.

Pour les uns, ce sera la lecture, pour d'autres, une journée au spa... les règles pour bien s'occuper de soi ne peuvent pas être universelles. Pour moi par exemple, c'est voir mon poney, aller me balader en forêt, passer du temps seule avec les arbres, et surtout écrire. Alors, je ne peux que vous conseiller d'être attentif à trouver les vôtres, détecter les activités qui vous apaisent, les moments (seul ou à plusieurs) qui vous ressourcent et vous rendent heureux. Et essayer d'écouter la direction que votre petit cœur souhaite prendre.

Mon conseil : prenez un petit moment pour vous, et imaginez n'avoir aucune obligation. Qu'auriez-vous envie de faire ? Cela va vous permettre de cerner vos besoins... et voir si vous les comblez.

Un amour plus fort que tout

Lors des exercices de connexion, nombreux sont les gardiens qui veulent se rassurer et demandent une déclaration d'amour à leur compagnon. Mais une chose est très importante à comprendre en communication animale : la manière de voir le monde des animaux, de vivre leurs émotions, est différente de la nôtre. Ainsi, ils peuvent ne pas être contents mais ils n'expriment pas du ressentiment envers nous – juste leur propre ressenti. Cette nuance est parfois difficile à saisir avec notre prisme mental. Par exemple, votre chien semble bouder à votre retour (de vacances ou autre) parce que vous l'avez laissé sans vous. Cela ne signifie pas « je t'en veux, ce que tu as fait est mal » (jugement) mais « je ne me suis pas senti bien, je me suis senti abandonné ». Par sa bouderie, il signifie souvent des choses les concernant. Dans la majorité des cas, c'est ce que j'ai ressenti.

> **« En connexion, on ressent un amour inconditionnel qu'on ne retrouve pas ailleurs, on est forcément bouleversé[4]. »**

Témoignage de Roselyne

4. Retrouvez l'ensemble des témoignages du livre sur ma chaîne YouTube « L'école des animaux by Ilana de Montaigne ».

Comment expliquer cette différence entre eux et nous ? D'une part, j'ai la sensation qu'ils ne cherchent pas à désigner de coupable, et d'autre part, ils sont davantage connectés au moment présent que nous.

Comment activer le fil de l'amour ?

Le fil d'or de l'amour entre nous et notre animal permet de faciliter la connexion.

Dans un premier temps, il suffit de regarder votre animal et d'imaginer que vous êtes reliés par un fil qui part de votre cœur et qui rejoint le sien. Vous pouvez l'imaginer de manière consciente ou lors d'une séance de méditation.

Cette union imaginaire est essentielle, car, même si on ne « ressent » rien, un lien se crée entre vous. Ainsi, on peut l'utiliser et le réactiver par la pensée plus tard. Ce lien est bien utile quand on est séparé de son animal, quand on le fait garder par une personne de confiance lors de nos vacances par exemple. Mais aussi lors des premières connexions.

Confortablement assis près de votre animal, vous pouvez lui envoyer de l'amour par la pensée. Libre à vous d'imaginer une ribambelle de cœurs de vous à lui, ou encore une énergie d'amour, une couleur rose, des mots doux… Tout ce qui, pour vous, représente de l'amour va marcher. Yeux ouverts ou fermés, imaginez ce flux arriver directement dans son cœur. Cet exercice n'a pas pour but que quelque chose de concret se passe, mais seulement de créer un lien imaginaire. Vous pouvez avoir des ressentis particuliers en retour… ou pas.

À noter : pour cet exercice du fil de l'amour, il est plus facile, et surtout plus intéressant, de le faire avec son animal. Ce qui n'est pas forcément le cas pour tous les exercices de connexion animale.

IDÉE REÇUE

« On risque de se déconnecter en prenant des notes. » C'est faux.

Lors de vos connexions, je vous conseille même de tout noter, y compris les informations qui vous semblent ne pas avoir de sens. Le fait de prendre un stylo et de retranscrire vos émotions ne coupe pas la connexion.

CONSIDÉRER SON ANIMAL À PART ENTIÈRE

Posez-vous la question de la place que vous accordez à votre animal dans votre maison, dans votre vie, dans votre cœur...

L'animal n'est pas un enfant

Une étude[5], décrite par la sociologue américaine Andrea Laurent-Simpson, montre que la plupart des animaux de compagnie font partie de la famille chez qui ils vivent.

Ainsi, 85 % des personnes vivant avec un chien (et 76 % avec un chat) le considèrent comme un membre à part entière de la famille. Cela suppose une redéfinition du terme même « famille » qui, jusqu'alors, ne comportait que des individus appartenant à la même espèce. Inclure son animal dans le clan familial est une marque d'amour et d'attachement. Attention, cependant, à ne pas le considérer comme un enfant et à ne pas lui attribuer un rôle et une place qui ne sont pas les siens.

5. Andrea Laurent-Simpson, *Just Like Family: How Companion Animals Joined the Household*, NYU Press, 2021.

À chaque fois que l'on parle d'un animal avec des termes comme « mon fils » ou « ma fille », cela me pose problème. Sans doute parce que ces qualificatifs effacent la vraie famille de l'animal : son père, sa mère, et parfois ses frères et sœurs de portée. Il n'est pas juste de s'approprier ce compagnon de vie ainsi et d'oublier sa famille d'origine. D'autant plus que, bien souvent, l'animal n'a pas choisi la date du sevrage et de la séparation d'avec sa famille, au sens biologique premier.

Langage infantilisant et petits surnoms révélateurs

Les mots ont un pouvoir. Dans la façon dont on s'adresse aux animaux, on peut, sans le vouloir, les infantiliser. L'usage de certains termes nous place dans une posture maternaliste et paternaliste envers eux que je ne trouve pas juste. « Mon bébé » ou « Ton frère », « Ta sœur »... Si l'animal fait partie de la famille, est-il nécessaire de rappeler qu'il n'est pas au rang de la fratrie ? En le considérant ainsi, on le met à une place qui n'est pas la sienne. De plus, quand un couple a un bébé, cela peut ensuite poser problème à l'animal qui perd sa place de « bébé » au profit du nouveau-né... Il se demande alors quelle place il peut avoir une fois que la famille s'est agrandie.

Le langage infantile présente un autre inconvénient : il n'est pas approprié à la connexion animale. En effet, si, dans la vraie vie, on parle aux animaux comme s'ils ne comprenaient jamais rien, on ne s'adresse pas à eux correctement. Comment imaginer avoir une communication de qualité ensuite ? Certes, les animaux ne comprennent pas tout, mais ils comprennent beaucoup plus qu'on ne le pense, notamment grâce au langage non verbal : intonation de la voix, intention qu'on a derrière, émotions transmises du gardien... N'oublions pas que nous avons beaucoup plus à apprendre d'eux qu'ils ont à apprendre de nous !

L'animal est un compagnon de route

Certes, la plupart des animaux qui sont domestiqués et vivent avec nous ne pourraient plus vivre seuls dans la nature. Mais ils n'ont pas besoin d'être sans cesse maternés comme nous avons tendance à le faire. Et parfois, cela peut être insupportable pour eux.

Je me souviens de ce petit chat qui venait tout juste de se faire opérer. Ses gardiens me demandent une connexion animale pour savoir comment il va, s'il a besoin de quelque chose… Sauf que cette attention le mettait en colère : il avait l'impression qu'on le prenait pour un bébé qui ne savait pas se gérer tout seul. Il avait l'impression d'avoir toujours ses humains sur le dos. On le considérait comme un bébé et comme une victime : « Oh mon pauvre chou… » Cette façon de l'envisager lui enlevait toute possibilité de se réaliser entièrement. Même si, à la base, cette attention envers lui était plutôt louable, il avait l'impression d'être une pauvre petite chose aux yeux de ses gardiens. Il ressentait une certaine colère, il ne voulait pas qu'on l'approche. Grâce à la connexion que j'ai faite avec lui, il a pu exprimer cette colère et j'ai transmis son message à ses gardiens, qui ont modifié leur attitude. Il s'est tout de suite senti mieux et a lui aussi changé de comportement.

Un animal n'est donc ni un bébé ni un enfant. En revanche, j'aime bien l'idée de le considérer comme un membre de notre famille, sans pour autant qu'il devienne notre frère, notre sœur ou notre enfant. Il a sa place à lui.

La bonne posture : essayons de voir nos animaux comme des compagnons de route, des êtres à part entière dont nous avons tout à apprendre.

SE DÉTACHER DE SES PROJECTIONS

Réfléchissons ensemble à toutes les certitudes que vous avez sur vos animaux. Vous pensez peut-être qu'ils sont d'une certaine manière gentils, doux, agressifs, mignons… Mais le savez-vous vraiment ?

Cet exercice de détachement va se dérouler en deux temps : nous allons d'abord lister toutes vos certitudes, puis nous allons reconsidérer votre animal sous un œil neuf.

Temps 1 :

Dans votre carnet dédié, complétez cette phrase : « Mon animal est… » Et notez tout ce qui vous vient à l'esprit. On a des idées, des ressentis, parfois justes, parfois moins… Notez tout, sans faire le tri.

Quand vous aurez terminé d'écrire tous les adjectifs qui qualifient votre animal selon vous, prenez conscience que ce ne sont que des étiquettes que vous avez posées sur lui, mais qu'il est bien plus que cela…

Temps 2 :

Maintenant, afin de vous détacher de toutes ces certitudes, posez-vous cette question toute simple : « Et si cet animal, finalement, je ne le connaissais pas vraiment ? » Vous pouvez vous la poser seul, ou en observant votre animal à proximité. Vous pouvez aussi en faire le point de départ d'une méditation, les yeux fermés.

J'entends déjà cette petite voix dans votre tête qui vous chuchote « Mais si, je le connais super bien, ça fait dix ans qu'on vit ensemble ! ». Certes, vous vivez ensemble, mais vous n'avez pas une idée précise de ce qu'il pense en vous regardant, de ce qu'il aime vraiment… Alors, essayez de le voir sous un jour nouveau, laissez-vous surprendre par des détails que vous n'aviez pas encore remarqués, et notez-les également.

Et si je n'y arrive pas ?

Si rien ne se passe, pas de panique : un premier pas est fait. Ayez confiance en vous, un espace de connexion est en train de s'ouvrir. Parfois, cela peut prendre du temps.

Si vous bloquez complètement, faites-le en duo avec un ami qui a aussi un animal. Échangez, le temps de l'exercice, vos compagnons de vie. Observez attentivement cet animal que vous connaissez moins bien. Ensuite, racontez ce que vous avez remarqué à votre ami et confrontez vos points de vue sur chacun des animaux. Prenez le temps de partager vos ressentis respectifs. Vous verrez, c'est très instructif de découvrir la vision de quelqu'un d'autre sur son animal !

Je sais que cet exercice n'est pas des plus appréciés car il est difficile. Pourtant, il est très précieux et c'est un excellent outil de préparation à la connexion, car il nous permet de supprimer notre base de données sur notre animal et de faire un pas authentique vers lui. Il provoque souvent un déclic chez les personnes que j'accompagne.

APPRENDRE À OUVRIR SES CANAUX

La connexion animale se développe très bien les yeux fermés, par la pensée. Pour vous mettre dans des conditions favorables à cet état modifié de conscience, choisissez les techniques de respiration et de méditation qui vous conviennent.

Respirer autrement

Pour vous connecter facilement, je vous invite à vous appuyer sur votre respiration. Voici plusieurs techniques de respiration, essayez-les et conservez celles qui vous conviennent le mieux – il n'y en a pas une meilleure qu'une autre, cela dépend de chacun. À chaque connexion, vous pourrez commencer avec l'une d'elles.

La respiration libre

Cette technique est très facile : il suffit de respirer normalement mais profondément. À chaque inspiration, imaginez que l'air pur qui vous entoure vient à l'intérieur de vous pour remettre l'énergie en circulation. Et à chaque expiration, sentez combien vous vous déchargez de tout le négatif en laissant sortir de vous tout ce dont vous n'avez plus besoin. Respirez profondément une dizaine de fois de suite, puis ressentez comme vous vous sentez apaisé et plus léger.

Mon conseil : le principe ici est d'avoir une respiration longue et profonde tout en se connectant à cet air que l'on inspire. C'est en effet cet air qui nous connecte entre nous et que l'on partage avec le reste du vivant en permanence.

La respiration carrée

L'idée est d'inspirer sur quatre temps, de bloquer son souffle sur quatre temps, d'expirer sur quatre temps, et de retenir sa respiration de nouveau sur quatre temps. D'où son nom géométrique. Cette technique est très intéressante si vous aimez vous sentir guidé par un cadre.

La cohérence cardiaque

Souvent utilisée dans la gestion du stress, la cohérence cardiaque vise, notamment avec des exercices de respiration, à contrôler les accélérations et les ralentissements du cœur.

Pour cela, inspirez sur six temps, puis expirez sur six temps, et continuez ainsi pendant cinq minutes.

Apprendre à méditer

La méditation permet de nous calmer, de mettre de côté les pensées parasites et de prendre du recul.

IDÉE REÇUE

« On a besoin d'un dispositif matériel particulier (bougies, autel...) pour ritualiser l'échange et entrer en connexion. » C'est faux.

Certaines personnes ont besoin de sacraliser le temps de connexion (allumer une bougie, commencer par une méditation...) mais rien n'est obligatoire. D'ailleurs, lors de mes formations, j'invite mes apprenants à se connecter dans les situations les plus difficiles (et non pas au calme chez eux), par exemple dans le métro à l'heure de pointe, comme je l'évoquais plus haut. Ainsi, ils apprennent à ne pas être dépendants du lieu, du rituel, et arrivent à se connecter partout, n'importe quand. Quand on commence à se connecter, c'est important de s'entraîner partout, cela apporte une grande liberté dans la pratique.

La méditation, assis les yeux fermés, n'est pas la seule technique qui fonctionne pour revenir en ondes alpha ou thêta. Pour moi qui suis une personne hyperactive, méditer en fermant les yeux et en restant statique, c'est simplement... impossible. Jusqu'à ce que je réalise que je navigue constamment dans ces ondes... comme vous, d'ailleurs, dans certaines situations : lorsque vous dansez, faites du sport, jouez de la musique, ou lorsque vous pratiquez toutes les activités où vous vous sentez pleinement présents et connectés... Eh bien, dans ces moments-là, vous émettez des ondes alpha et thêta, favorables à la méditation.

Alors, encore une fois, sortez des diktats (« il faut méditer en position du lotus ») et trouvez votre façon de méditer, vous verrez : vous parviendrez plus facilement et plus souvent à vous offrir ce précieux moment.

UN PAS DE PLUS VERS LA CONNEXION : LA MÉDITATION DU CŒUR

Pour faire cette première connexion sous forme de méditation, je vous invite à vous connecter à ma chaîne YouTube « L'école des animaux by Ilana de Montaigne »[6].

1) La première étape consiste à descendre dans votre propre cœur. Pour cela, fermez les yeux et imaginez-vous comme une petite plume à l'intérieur de vous. Tout doucement, vous la voyez descendre vers votre cœur, vous ressentez cette douce sensation de flottaison. Vous êtes de mieux en mieux, le cœur est un endroit de paix et de sérénité. Pour descendre plus vite, vous pouvez expirer de manière plus profonde, comme quand vous poussez de grands soupirs.

2) Une fois que la plume est posée dans votre cœur, vous pouvez commencer la connexion, comme dans la vidéo, avec l'énergie du beau cheval Ussard. Visualisez-vous dans une clairière, entouré de hautes herbes et d'arbres. L'espace est dégagé, vous vous sentez en sécurité ici.

3) Imaginez maintenant qu'Ussard s'approche de vous. Vous le regardez avancer au pas vers vous.

4) Quand il est suffisamment près de vous, demandez-lui s'il accepte de communiquer avec vous. Ressentez intérieurement sa réponse.

5) S'il est OK, envoyez-lui de l'amour en fil d'or et mettez l'intention de connecter votre cœur au sien.

6) Quand vous vous sentez pleinement connecté à lui, laissez venir, mettez-vous en état de réception : pensées, sensations, émotions... prenez tout.

---

6. www.youtube.com/watch?v=AqDfIFkpOU8

7) Quand le flux cesse, remerciez Ussard pour cet échange et visualisez son départ.

8) Une fois que vous êtes de nouveau seul dans la clairière, refaites de grandes respirations profondes pour revenir dans votre corps.

Rencontrer un animal en méditation

Plus on fait de connexions, plus les informations reçues sont claires et précises. Rappelez-vous que nous avons tous un sens qui est privilégié… tout comme une manière de recevoir les informations qui nous correspond plus. Faisons le point sur les informations que vous pouvez recevoir lors des connexions.

Par visions, images et films

On peut voir des choses dans notre tête comme si ces images défilaient sur un écran entre nos paupières et nos yeux. On peut aussi voir depuis les yeux de l'animal auquel on se connecte : on voit alors ce qu'il voit, lui.

Par sons et paroles

On peut entendre une voix qui nous parle, ou des bruits à l'intérieur de nous. Mais on peut aussi entendre des phrases qui sont données avec la même voix que celle de notre mental. Dans ce cas, il est difficile de faire la différence et de distinguer la voix de la connexion de cette voix familière qui ne s'arrête jamais de parler dans notre tête.

Par des sensations physiques

On peut ressentir des picotements, des douleurs, de la chaleur. Mais aussi les sensations physiques de l'animal, comme si nous étions dans son corps, un corps différent du nôtre, et ainsi ressentir vraiment ce que cela fait d'être un renard ou un papillon.

Par goûts et odeurs

On peut aussi ressentir des goûts et des odeurs, parfois assez intenses et peu familiers (comme ceux des croquettes).

Par la connaissance et les pensées

Lors des connexions, on perçoit toutes les connaissances de l'animal : on « sait ». On sait ce qu'il ressent et vit, sans vraiment savoir comment. C'est ce qui s'apparente le plus à une intuition. Cela peut aussi prendre la forme d'une pensée qui nous traverse.

Peut-être que, lorsque vous vous connecterez aux animaux, vous ne distinguerez pas vraiment ces différentes manières de recevoir les informations, mais cela n'est pas un problème. D'autant que vous pouvez recevoir des bribes de chaque ou *via* un seul « canal ». Ce qui est très bien aussi ! L'idée est de ressentir (c'est le plus important) plus que de se concentrer sur la manière dont on a reçu les informations et de s'en souvenir.

La connexion animale permet de développer de nouveaux canaux de communication, de nouveaux sens, de voir et de ressentir de nouvelles choses, comme si vous participiez activement à un rêve éveillé. Elle permet aussi d'apprendre à écouter nos ressentis, ceux que l'on a tendance, trop souvent, à négliger.

Mon conseil : attention à ne pas chercher à ressentir les choses d'une manière ou *via* un canal en particulier. Chacun de nous a une manière de ressentir bien particulière, ne cherchons donc pas à nous comparer aux autres. Votre manière de recevoir les informations est parfaite, cherchez à la développer, plutôt qu'à « ressentir autrement ».

LES PREMIÈRES CONNEXIONS

Voici page suivante l'exercice de base pour vos premières connexions. Je détaille notamment les premières étapes d'entrée en connexion, n'hésitez pas à vous y référer par la suite si besoin.

L'EXERCICE DE CONNEXION DE BASE

Pour cet exercice de connexion moins guidé que le précédent, sans support vidéo, lisez toutes les étapes, retenez-les et faites-les ensuite de tête. Ceci est valable pour tous les exercices de connexion qui vont suivre. Pensez bien à noter (à l'étape 8 ou après l'exercice) les ressentis qui vous viennent.

Les étapes à suivre :

1) **Choisissez** une technique de respiration ci-dessus (libre, carrée ou cohérence cardiaque) afin de vous recentrer.

2) **Fermez** ensuite les yeux afin de ne pas être déconcentré par le monde extérieur.

3) **Proposez** à un animal qui le souhaite de se présenter devant vous. Si vous ne voyez rien, ressentez simplement sa présence, son énergie. L'idée est vraiment d'ouvrir un espace de connexion et de laisser l'animal qui le souhaite venir à vous. Ce n'est pas nous qui décidons ici, mais bien lui ! Donc, ça peut être notre animal… ou un autre.

4) Une fois que cet être est devant vous, **invitez-le** à se rapprocher.

5) Dès que vous sentez sa présence, **imaginez** un lien doré et rempli d'amour qui relie votre cœur au sien.

6) **Envoyez** tout l'amour que vous pouvez *via* ce canal, dans l'intention que l'animal le reçoive. Donnez tout !

7) Après cela, **restez** dans cet espace d'accueil, d'ouverture et de bienveillance. Vous allez ainsi vous ouvrir à toutes les possibilités de recevoir quelque chose.

8) **Plongez** dans le monde de l'animal qui est près de vous. Prenez alors tout ce qui vous vient : ressentis physiques, images, sons…, même si cela vous paraît trop simple ou pas assez. C'est lors de cette étape que vous pouvez noter vos

flashs. Restez dans cet espace paisible autant de temps que vous le souhaitez.

9) Une fois que vous sentez que le flux se tarit et que la séance se termine, **remerciez** intérieurement l'animal et ressentez son énergie, sa présence qui s'éloigne.

10) **Respirez** profondément et rouvrez les yeux.

Si, lors de vos premières connexions, vous percevez des informations, vous voyez une image ou vous sentez une sensation, alors que vous aviez l'impression de ne pas être bien connecté, rassurez-vous… vous pouvez vous faire confiance : c'est bien cela ! Cette impression flottante est constitutive de la connexion animale.

La sentience

Le terme « sentience » (du latin *sentiens*, « ressentant », de *sentiere*, « percevoir par les sens ») désigne la capacité d'éprouver des choses subjectivement, d'avoir des expériences vécues positives ou négatives. Ainsi, un être sentient peut ressentir les émotions, la douleur, le bien-être, etc., et percevoir son environnement et ses expériences de vie.

Les êtres sentients sont également capables d'évaluer les actions des autres en relation avec les leurs, de se souvenir de leurs actions et de leurs conséquences, d'en évaluer les risques et les bénéfices, de ressentir des sentiments. *A minima*, un être sentient est un être qui éprouve douleur et plaisir et qui a un degré variable de conscience. Les animaux sont des êtres sentients[7].

7. Définition de la sentience d'après : https://sentience.pm/

LES ENSEIGNEMENTS DE THEODOR ADORNO

Lisez cet extrait, et prenez le temps pour réfléchir :

« Les humains te regardent – L'indignation que suscitent les cruautés commises diminue à mesure que les victimes cessent de ressembler aux lecteurs normaux, qu'elles sont plus brunes, "plus sales", plus proches des "Dagos". Voilà qui éclaire autant sur les atrocités que sur les spectateurs. Peut-être la schématisation sociale de la perception est-elle ainsi faite chez les antisémites qu'ils ne voient plus du tout les Juifs comme des hommes. L'assertion courante selon laquelle les Sauvages, les Noirs, les Japonais ressemblent à des animaux, par exemple à des singes, est la clé même des pogromes. Leur éventualité est chose décidée au moment où le regard d'un animal blessé à mort rencontre un homme. L'obstination avec laquelle celui-ci repousse ce regard – "ce n'est qu'un animal" – réapparaît irrésistiblement dans les cruautés commises sur des hommes dont les auteurs doivent constamment se confirmer que "ce n'est qu'un animal", car même devant un animal ils ne pouvaient le croire entièrement. Dans la société répressive, la notion d'homme est elle-même une parodie de la ressemblance de celui-ci avec Dieu. Le propre du mécanisme de la "projection pathique" est de déterminer les hommes détenant la puissance à ne percevoir l'humain que dans le reflet de leur propre image, au lieu de refléter eux-mêmes l'humain comme une différence. C'est alors que le meurtre apparaît comme une tentative constamment répétée, dans une folie croissante pour déguiser en raison la folie d'une perception aussi erronée : celui qu'on n'a pas perçu comme un être humain et qui pourtant est un homme est transformé en chose afin qu'aucun de ses mouvements ne mette en cause le regard du maniaque. »

« Auschwitz commence partout où quelqu'un regarde un abattoir et pense : ce ne sont que des animaux. »

Theodor W. Adorno,
Minima moralia, Payot, 2016.

LES 3 IDÉES CLÉS DU CHAPITRE

- Définissez le lien d'amour qui vous attache à votre animal : si vous le considérez comme un membre de votre famille, ne le traitez pas pour autant comme un enfant, mais plutôt comme un compagnon de route.
- Certains exercices de respiration et de méditation permettent d'ouvrir vos canaux de communication et de tisser le fil d'amour propice à la connexion entre vous et votre animal.
- Les informations que vous échangez avec votre animal lors des connexions arrivent de différentes manières (sensations, pensées, goûts, images, sons…) et peuvent varier d'un individu à un autre et d'une connexion à une autre.

COMMENT ÉCOUTER LES ÉMOTIONS DE SON ANIMAL ?

« On ne voit bien qu'avec le cœur,
l'essentiel est invisible pour les yeux. »

Antoine de Saint-Exupéry

PINGUI, LE LAPIN PHILOSOPHE

Un jour, un gardien me contacte pour communiquer avec Pingui, son lapin qui n'arrête pas de mordre « sans raison ».

Quand j'entre en connexion avec lui, Pingui m'explique que l'indisponibilité de ses gardiens, toujours sur leur téléphone, a tendance à beaucoup l'énerver, d'où son comportement. Il m'explique qu'il les mord pour rappeler à ses gardiens de revenir dans l'« ici et maintenant », dans l'instant présent. À chaque morsure, il essaie de leur dire : « Tu es dans ta tête, là, dans un espace qui n'existe pas, alors reviens ici, c'est maintenant et ici, dans ton corps, que les choses se passent. »

Suite à cette connexion, j'ai expliqué à la famille de Pingui ce qu'il ressentait et ce qui le poussait à les mordre. Heureusement, ils ont été très compréhensifs et ils se sont tout de suite remis en question. Ils ont intégré le fait que Pingui avait droit au respect, autant que n'importe quelle autre personne, et que cela passait par une vraie présence et une bonne disponibilité d'esprit. Depuis, la famille a changé de comportement, et Pingui aussi... Il ne mord plus autant, sauf quand ses gardiens ont la tête ailleurs ou sur leur téléphone !

Cette histoire est bien la preuve, encore une fois, que, derrière un comportement « inapproprié » d'un animal, se cache souvent un message plein de vie et de sagesse.

Mon conseil : au prochain comportement de votre animal que vous observez sans le comprendre, prenez le temps de vous arrêter et de vous demander : « Qu'est-ce qu'il essaie de me transmettre *via* ce comportement ? Si je pouvais ressentir ce qu'il se passe en lui, que me dirait-il ? » Pour cela, détachez-vous de vos réflexes de pensée humaine. Pour faire le distinguo entre interprétation anthropomorphique et écoute réelle, méfiez-vous de ce qui est trop évident et soyez attentif à ce qui vous surprend et vous étonne : c'est le signe d'une vraie connexion. Vous passerez sûrement par des phases de doute, ne vous inquiétez pas, c'est normal et sain… et au final, cela va vous éclairer !

LES ANIMAUX ONT LEUR PROPRE HISTOIRE…

IDÉE REÇUE

« Il n'y a rien dans le passé qui affecte les animaux. » C'est faux.

Des évènements du passé peuvent impacter les animaux, qui ont des formes de souvenirs, ou de réflexes liés à un épisode ancien, tout comme nous. Même si les animaux ont cette capacité à rester bien ancrés dans le moment présent (ils n'ont pas, comme nous, une patte dans le passé, une autre dans l'avenir), leur corps, lui, a une mémoire. D'ailleurs, ils souffrent aussi de stress post-traumatique (voir page 145).

Le passé des animaux reste gravé à l'intérieur d'eux et dicte parfois certains de leurs agissements.

Pour illustrer mon propos, je vais vous parler de mon chat, qui était très ami avec mon lapin. Le jour où ce dernier est décédé, mon très beau chat a développé tous les symptômes de la dépression : son poil est devenu tout gris, il dormait sans cesse, se cachait... Il a mis deux ans à se remettre de la mort de mon lapin.

Une étude[1] montre également que les moutons sont capables de reconnaître les visages de cinquante de leurs congénères, et qu'ils peuvent les reconnaître jusqu'à deux ans après, sans les avoir revus entretemps. Exactement de la même manière que nous nous souvenons des visages des autres humains.

Traumas passés

C'est ici que la connexion peut être très utile : en comprenant le passé de l'animal, on peut avoir plus de compassion pour ses réactions.

Je me souviens d'un chien qui, lors d'une connexion, m'a montré qu'il avait été ligoté pendant plusieurs jours par un gardien violent. En me partageant ce pan de son histoire, il m'a aussi révélé combien il était encore traumatisé par cet épisode douloureux. Lorsque j'ai raconté son histoire à sa gardienne, celle-ci m'a répondu : « Je comprends enfin pourquoi il déteste avoir un harnais et un collier. Dès que j'essaie de lui mettre un de ces objets, il se défend. » Je n'étais pourtant pas au courant de cette information avant la connexion ! Mais après coup, c'était logique que ce chien soit gêné par tout ce qui touchait son corps... Il avait peur d'être de nouveau pris au piège.

---

1. https://pubmed.ncbi.nlm.nih.gov/11700543/

> **J'ai essayé de me connecter avec mon cochon d'Inde. Il m'a dit que parfois, quand il mord, ce n'est pas pour me faire mal, mais que simplement, il a peur que je lui fasse mal. Il m'a ouvert son cœur, il m'a montré son passé, sa vie, ce qu'il fallait que je corrige dans la mienne...**
>
> **Témoignage de Sollel**

Le choix de la stérilisation

Après avoir fait de multiples connexions avec de nombreux animaux, j'ai remarqué que les choses qui nous paraissent les plus anodines peuvent être très difficiles à vivre pour eux et avoir un impact conséquent sur leur vie.

Mes premières connexions avec des chiens, des chats et des chevaux m'ont étonnée. Je les sentais souvent tristes ou parfois apeurés. Un jour, on me contacte pour une connexion avec une chatte agressive avec les humains « sans raison ». Ses gardiens voulaient comprendre. Or, la première chose qu'elle me fait ressentir est un sentiment de peur, beaucoup de peur. Elle est même terrorisée par les humains. C'est pour cette raison qu'elle se défend par la violence. Au début, je ne comprends pas ce qu'elle me montre. D'autant que je ressens la scène qu'elle me montre comme si je la vivais moi-même. Je la vois installée tranquillement dans son canapé, puis mise dans une boîte de transport, terrorisée, n'ayant aucune idée de l'endroit où on l'emmène. Je sens mon cœur qui se met à battre si fort et une immense sensation de vulnérabilité. Elle arrive sur la table d'un vétérinaire, où elle s'endort, puis elle se retrouve de nouveau sur son canapé. Elle ressent une grosse douleur et de nombreuses démangeaisons au niveau du ventre, avec l'impossibilité de se gratter et, surtout, une sensation de vide. Elle comprend vite qu'il lui manque des organes de son corps et qu'elle ne pourra plus jamais avoir de chatons. Car, oui, les animaux sentent des choses, d'autant qu'ils sont parfaitement connectés à leur corps. Or, elle n'avait pas été prévenue de cette opération ni de ses conséquences. Son consentement n'a jamais été demandé, alors que c'est une opération importante. Depuis ce jour-là, elle ne veut plus que les humains l'approchent, car elle a peur, peur que cela arrive une deuxième fois. À ce moment précis de la connexion, je ressens une grande tristesse et une profonde sensation de vulnérabilité face aux humains : elle est si petite, on peut l'attraper et lui faire ce que l'on veut, elle est à notre merci.

Cette connexion que je n'oublierai jamais m'a fait ressentir la sensation de vulnérabilité des animaux dans cette situation, et elle m'a mise face à l'impact des décisions des humains sur le corps et la vie des animaux. Son comportement dit « agressif » était juste le moyen qu'elle avait trouvé pour se défendre : c'était ni plus ni moins de l'autodéfense.

Le geste de la stérilisation devenu si banal pour nous peut donc avoir un grand impact sur les animaux. Je n'ai pas vraiment de solution à ce sujet, car on ne peut pas faire autrement parfois. Mais je pense qu'*a minima*, en discuter avec son animal avant de l'opérer est primordial afin de l'avertir et de préparer le terrain. On peut alors, grâce à la connexion, lui expliquer pourquoi cette intervention est nécessaire. Pourquoi on ne peut pas lui laisser se reproduire et lui expliquer très clairement tous les tenants et aboutissants de l'opération, mais aussi comment cela va se passer concrètement pour lui. On peut lui demander son consentement avant. Si on fait le parallèle avec les humains, avant de subir une opération médicale, hors situation d'urgence, on nous demande notre consentement, on nous en explique le déroulement, on nous demande si on a des questions… Il serait intéressant de normaliser ce même processus vis-à-vis des autres animaux.

La séparation brutale d'avec les parents

Arrêtons-nous un peu sur le « sevrage physiologique » des animaux et sur la séparation d'avec leur mère. Rien ne prouve qu'à deux mois, les animaux soient sevrés psychologiquement et n'aient plus besoin de la présence de leur maman. Il est problématique et traumatisant de séparer l'animal jeune de sa maman sans leur accord et sans prendre en compte leur décision mutuelle. Je ne compte plus le nombre d'animaux qui, lors d'une connexion, m'ont parlé de cette séparation comme d'un évènement extrêmement douloureux qui laisse des traces indélébiles. En effet, si je devais donner des statistiques, les trois quarts des animaux dits « domestiques » sont traumatisés par ce moment, et ressentent, encore des années après, un manque lié à l'absence de leur mère. C'est par exemple le cas de mon poney qui m'a montré comment cette séparation avait été trop brusque et rapide, et difficile à vivre pour lui. La force de la connexion animale se trouve dans cette capacité de se mettre à la place des animaux et de comprendre ce que les humains leur font subir.

Mes conseils : afin de ne pas créer de traumatisme d'un côté ou de l'autre, le mieux est encore d'attendre que l'animal décide de partir et que sa maman soit d'accord avec ce choix. En remettant les animaux au centre des décisions, une connexion animale pourrait ainsi permettre de trouver le bon moment de la séparation pour les deux, ou nous montrer, à l'inverse, que la séparation n'est ni possible ni souhaitable.

LEUR HISTOIRE FAIT ÉCHO À CELLE DE LEURS GARDIENS

À force de faire des connexions, je me suis rendu compte que les duos formés par l'animal et son gardien sont souvent « logiques » et que des ressemblances et/ou une complémentarité sont très fréquentes.

La ressemblance physique… et plus encore

Vous avez sans doute déjà remarqué que certains gardiens ressemblent énormément à leur chien physiquement.

Des chercheurs américains, Michael Roy et Nicholas Christenfeld, de l'université de San Diego, se sont penchés sur ce fait troublant. Dans leur étude, ils ont présenté des photos d'humains et de chiens à des cobayes qui devaient relier le gardien à son chien. À chaque fois, les résultats ont été bien supérieurs statistiquement à un simple effet de chance. Comme s'il était logique et évident d'associer ce chien avec cet humain.

L'étude s'est basée uniquement sur les ressemblances physiques. Mais je suis convaincue que nos personnalités entrent également en jeu. Nous ne nous choisissons pas par hasard, mais justement parce que nous partageons des traits de caractère. Parfois aussi, nos blessures nous lient. D'ailleurs, en connexion animale, la présence de tel gardien avec tel animal est d'une telle évidence que c'en est troublant.

Gardien, gardienne

Dans ce livre, j'utilise le terme « gardien » et non « propriétaire » car un animal n'appartient à personne d'autre qu'à lui-même. Nous en avons fait des objets et des marchandises que nous possédons. D'ailleurs, dans la loi française, les animaux sont encore aujourd'hui soumis au traitement des biens matériels. Le terme « gardien » (ou « humain ») remet ainsi les choses à leur place et nous sort de la pyramide que nous avons créée nous plaçant au-dessus de toutes les autres créatures.

Une étude menée à Vancouver par Stanley Coren, spécialiste du comportement animal, en 1999 a demandé à plus de deux cents femmes de choisir quel chien elles prendraient sur un panel varié. Il s'est avéré que les femmes aux cheveux longs ont tendance à prendre un chien à poil long – l'inverse se vérifiant aussi. On parle ici de critère physique, mais si cela fonctionnait aussi avec les critères de personnalité ?

Lance Workman, qui dirige un département de psychologie en Angleterre (Bath Spa University College), a observé que le choix d'un chien est inconsciemment lié à la personnalité du gardien. Ainsi, les gens extravertis ont tendance à choisir des chiens de berger comme le border collie, le berger allemand et le berger australien, ou des chiens de travail comme le boxer, le rottweiler ou le saint-bernard.

Toutes ces études[2] démontrent bien que nous ne choisissons pas par hasard. Maintenant que nous savons que des critères physiques et psychologiques nous rassemblent, qu'en est-il des critères plus inconscients ? Malheureusement, aucune étude scientifique n'a été faite sur le sujet, mais mon expérience de milliers de connexions avec des animaux me le confirme : en plus de se ressembler beaucoup (ou d'être les opposés complets, ce qui crée aussi un lien de complémentarité), animaux et gardiens se rapprochent aussi sur leurs blessures, doutes et difficultés similaires (panser : abandon, rejet, solitude générale, sensation d'inadaptation...).

Mon poney me ressemble énormément en termes de personnalité : il veut toujours être le premier, il est indépendant et part dans tous les sens... Et même si j'ai beaucoup d'amour pour la jument de ma sœur, je n'aurais pas la même relation qu'elles ont ensemble.

Souvent, lors de mes formations, lorsqu'un étudiant réalise une connexion avec un animal qui n'est pas le sien, et transmet ensuite les infos à son gardien, je souris car il y a comme une évidence : en décrivant le caractère de l'animal, c'est celui de son humain qui transparaît. De même, lorsque l'on parle de l'histoire de vie de l'animal, de ses doutes, de ses angoisses, c'est souvent l'humain à l'origine de la connexion qui se met à pleurer...

---

2. https://element.vet/blogs/infos/qui-se-ressemble-s-assemble
www.slate.fr/life/79286/science-ressemblance-chiens-maitres

À travers ces histoires, on réalise le lien qui rassemble le gardien et son compagnon, et c'est ça qui rend cette connexion si belle : elle nous permet de comprendre et de découvrir que nous sommes beaucoup plus proches que ce que l'on aurait pu imaginer.

Le nouvel arrivant

L'arrivée d'un nouvel animal dans une famille peut chambouler les autres animaux déjà présents, mais aussi les humains. On ne sait jamais à l'avance comment cela va se passer : comment le nouvel arrivant va-t-il être accueilli par les autres membres de la famille et par les autres animaux ?

Je vais vous raconter l'histoire d'un petit chat de 2 mois nommé Sphinx, qui a débarqué dans une famille déjà composée d'humains et d'un autre chat. Dès son arrivée, Sphinx, tout juste séparé de sa maman, s'est arrêté de manger. On me contacte alors pour établir une connexion avec lui.

Je ressens immédiatement une grande douleur liée à cette séparation maternelle, et surtout une immense sensation de solitude. Il ne se sent pas prêt à être sans sa maman et ce saut dans le vide lui fait extrêmement peur. Même si le second chat s'occupe de lui, la situation reste angoissante pour lui. Il me dit qu'il aime beaucoup sa nouvelle famille, notamment Annie qui l'a adopté. Mais qu'il ressent le manque de sa maman. Il me montre que sa séparation d'avec elle lui a créé une sensation de peur et d'abandon. Il a décidé d'arrêter de manger car il n'a plus goût à rien… Depuis sa naissance, il a l'impression d'être une erreur, de n'avoir sa place nulle part. En parallèle, il m'explique que, même si c'est difficile pour lui, sa présence dans cette famille n'est pas une erreur. Il est venu ici pour une raison. Je ne comprends pas bien ses propos, qui sont un peu confus…

Il ajoute alors ce message destiné à sa gardienne : « Annie non plus n'est pas une erreur, elle est aussi sur Terre pour une raison, elle y a toute sa place. » D'après lui, ils doivent travailler sur ce sujet ensemble.

Je ne connais pas sa gardienne, mais je lui transmets le fruit de cette connexion, sans vraiment comprendre mes propos. Tout à coup, Annie se met à pleurer. Elle m'explique alors que, dès l'arrivée de Sphinx, elle avait fait le lien entre elle, petite, et lui. Elle aussi avait arrêté de se nourrir à sa naissance. Personne ne comprenait pourquoi. Sans aucun doute l'impression d'être une erreur, de ne pas être à sa place… Rencontrer ce chaton avec les mêmes symptômes lui fait prendre conscience que tous les deux ont leur place sur Terre. Quelle belle façon de se libérer de cette croyance et d'entretenir une relation encore plus profonde avec ce compagnon à quatre pattes !

Le système de résonance

Dans mon expérience de facilitatrice, je me suis aperçue que les histoires relatées lors des connexions faisaient, en grande majorité, écho à celles des gardiens. Cela s'explique par un système de résonance. On attire dans la vie les êtres (humains ou animaux) qui partagent des points communs avec nous, des êtres avec qui on se sent bien, mais qui ont, quand on creuse un peu, des problématiques similaires ou en miroir des nôtres afin que nous avancions ensemble sur le chemin de la vie.

Ainsi, j'ai choisi mon poney parce que son caractère me correspondait, parce qu'il se permettait de vivre toute la fougue et la liberté que je recherchais. C'est mon interprétation évidemment, elle n'a pour vérité que de me paraître « logique » mais je pense généralement que dans la vie, on ne choisit pas nos amis par hasard, et pour nos amis d'une autre espèce, c'est exactement le même processus. Comme nos amis, nos amours, notre animal n'est pas uniquement là pour nous tenir compagnie, mais plutôt pour que l'on s'accompagne mutuellement. Le chemin sur Terre est plus doux lorsqu'on en a conscience.

> **« Les yeux et le regard que les animaux posent sur leur environnement, sur nous. Ce n'est pas seulement un jeu de questions-réponses, les animaux nous montrent nos potentiels, tout ce que l'on peut faire de nos vies. »**
>
> **Témoignage de Mélanie**

La contagion des émotions

Vivre en tant qu'animal avec des humains n'est pas toujours évident. En tant qu'humains, nous passons par une foule d'émotions et de sensations que les animaux ne connaissent pas, et ont parfois du mal à comprendre.

Je pense par exemple à nos stress, nos prises de tête, nos moments d'explosion (comme les crises de jalousie par exemple…).

Pour eux, la vie est beaucoup plus simple et connectée à leurs besoins, à leur nature profonde, là où nous nous sommes nous-mêmes souvent dénaturés. Je vous partage cette réflexion car je le ressens beaucoup en connexion, mais comme nos animaux nous aiment, ils restent, et cela leur convient de fait. Je m'imagine souvent que la situation doit être difficile d'être face à des humains qui se prennent la tête pour des choses qui sont incompréhensibles pour eux. Les animaux ne peuvent les comprendre puisque personne ne leur a expliqué, bien qu'ils les subissent directement ou indirectement.

Récemment, alors que je me baladais avec mon poney, je me suis rendu compte que pour lui, cela n'avait aucun sens d'être limité par des barrières. La notion de « propriété » – d'un morceau de terre et donc de nature organique – ne lui parle pas. Alors pourquoi devrait-il rester à l'intérieur des barrières ? Pourquoi ne pourrait-il pas juste galoper partout librement ?

Est-ce utile de gronder un animal ?

Je me suis souvent interrogée à ce propos. Lorsqu'on gronde ou punit notre animal, il ne comprend pas forcément les raisons de notre réaction. Et parfois, dans notre agacement, nous oublions qu'il ne parle pas notre langue…

Par exemple, lors de l'apprentissage pour les chevaux en équitation, la cavalière place souvent ses jambes d'une certaine manière, le cheval va alors réagir à ce stimulus d'une façon, mais si ce n'est pas de la manière souhaitée, la cavalière va intensifier la demande (voire le gronder) avec la voix… sans changer la position des jambes. Le cheval essaie autrement, sans vraiment savoir comment faire correctement.

Cette attitude m'a toujours beaucoup perturbée, car je ne trouve pas cela logique de s'énerver face à quelqu'un qui ne comprend pas. On souhaite qu'il nous comprenne alors qu'on l'oblige à comprendre, on le soumet, et on lui demande mal. En fin de compte, on adopte une posture de dominant impatient.

Il me semble que nous reproduisons avec les animaux notre difficulté à gérer la frustration. Dans notre monde actuel, nous avons l'habitude de tout avoir… tout de suite ou presque. L'animal ne comprend pas, mais essaie d'agir. Le simple fait d'essayer mérite une récompense et des encouragements, même si le résultat n'est pas parfait. Sinon, tout principe d'apprentissage se transforme en enfer pour eux.

C'est comme pour un enfant qui essaie de marcher… et qui tombe. Ses parents vont-ils l'engueuler pour cette chute ? Non, celle-ci fait partie de son apprentissage de la marche ! C'est pareil pour un chien : on ne devrait pas le gronder si on n'est pas sûr qu'il en comprenne la raison, et le féliciter lorsqu'il agit justement.

Si votre chien s'échappe, que vous êtes agacé et, que, lorsqu'il revient, vous le grondez : il ne reviendra plus à vos rappels. Il y a des chances qu'il associe le fait de revenir à une menace : la prochaine fois qu'il s'enfuit, il va alors préférer ne pas revenir et rester loin. Puis va revenir la queue entre les jambes par peur.

Car oui, les animaux comprennent… mais seulement si nos paroles sont précises et logiques.

Il vaut mieux récompenser l'essai, pas de la même manière que le résultat attendu bien sûr, mais commencer à le récompenser afin de l'encourager dans cette voie. Il faut qu'ils agissent par envie, et non pas peur.

La consolation

S'il y a un domaine qui montre le lien entre le gardien et son animal, c'est bien celui des émotions. En effet, les animaux ressentent nos émotions et arrivent à lire en nous comme dans un livre ouvert. Par exemple, si vous ressentez de la tristesse, votre compagnon va adapter son comportement en fonction. Un animal peu câlin pourra exceptionnellement venir se coller à vous en signe de réconfort. À l'inverse, un animal très proche de vous pourra vous laisser vivre votre émotion en paix, ou au contraire se rapprocher encore plus de vous. Les chiens, par exemple, lisent les émotions dans le regard des humains.

Je repense aux fois où je ne me sentais pas bien et que je cherchais du réconfort auprès de mes chevaux. C'était un moyen pour moi de me sentir mieux et de parler à des êtres calmes et attentifs. Mes chevaux se tenaient là, près de moi, sans bouger. Leur simple présence me réconfortait, j'avais l'impression qu'ils m'écoutaient et me comprenaient !

C'est pareil avec les chats qui vont se blottir contre un humain qui ne se sent pas bien, ou cette femelle chimpanzé qui a fait un câlin à un primatologue venu tristement la voir pour la dernière fois alors qu'elle était sur le point de mourir. Ils ressentent donc les émotions que les humains vivent et adaptent leur comportement en fonction de leurs besoins. Ils font ainsi preuve d'empathie et d'intelligence émotionnelle.

Ce comportement de consolation a été mis en évidence par des études scientifiques. Une étude[3] menée en Suède a notamment prouvé que les chiens réagissent aux émotions humaines. Ils ressentent le niveau de cortisol (hormone du stress) de l'homme et y réagissent immédiatement en se synchronisant avec celui des humains. L'étude conclut en soulignant que les chiens sont un soutien émotionnel pour les humains autant que nous le sommes pour eux. On peut notamment y lire : « Nos résultats sont la première démonstration d'une synchronisation à long terme des niveaux de stress entre les membres de deux espèces différentes et de la relation étroite qui existe entre les humains et les chiens. »

Ces études montrent qu'une variété d'animaux, allant du cheval au chien en passant par le cochon, ressentent nos émotions. Forts de ce constat, nous pouvons donc créer de magnifiques relations avec eux, peu importe leur espèce.

Mes conseils : mettez toujours des mots sur vos émotions. Vous pouvez vous confier aux animaux en toute sincérité (ils ne sont pas dans le jugement). N'oublions pas que les animaux sont de vraies éponges ! Ils ressentent nos émotions sans aucun filtre. D'ailleurs, si vous aviez un animal quand vous étiez enfant, vous lui avez sans doute, de manière naturelle et spontanée, confié tous vos secrets… C'est logique pour les enfants de parler aux animaux. Alors, même à voix haute : parlez-leur !

---

3. www.nature.com/articles/s41598-019-43851-x

BON À SAVOIR

Je déconseille de faire une connexion lorsqu'on vit une situation très difficile émotionnellement. L'espace pour l'autre, pour l'animal auquel nous souhaitons nous connecter, n'est pas disponible dans notre tête. Je ne peux pas vous donner d'exemples de situations précises, puisque cela dépend grandement de votre constitution mentale et émotionnelle. Pour ma part, je sais que les moments de questionnements existentiels intenses, de douleurs émotionnelles (peur, deuil, rupture, changement…), mais aussi des périodes de surcharge mentale, ne sont pas des bons moments pour faire des connexions pour moi. Pour vous, cela peut être tout autre, alors écoutez-vous !

L'humour

Est-ce que les animaux font preuve d'humour ? On peut se le demander car on a longtemps pensé que le rire était un comportement qui distinguait l'homme du reste du monde animal, et pourtant…

La perruche Mango dont on a parlé au chapitre 2 est l'exemple parfait de l'animal comique. Elle me faisait rire lors des connexions, et me remontait le moral quand j'en avais besoin. Elle aimait ça si fort, faire rire ! Elle avait clairement développé un sens de l'humour très fort. Par son comportement, elle essayait de déclencher les rires et, lorsqu'elle y arrivait, elle exprimait des signes de contentement.

Quand nous rions, nous offrons aux autres l'information que nous nous amusons, et nous les invitons à nous rejoindre dans cette joie. Des chercheurs de l'université de Los Angeles en Californie ont ainsi montré qu'au moins soixante-cinq espèces animales rigolent. Selon eux, le rire est notre version humaine d'un ancien signal vocal de jeu dans l'échelle de l'évolution. Le rire est donc un comportement vocal qui est partagé par de nombreux animaux capables de jouer[4]. On a ainsi découvert que les rats rigolent, mais sur des fréquences que nous ne pouvons entendre. L'humour est aussi un comportement que l'on retrouve chez bien des animaux[5]. Ils font des farces, comme ce singe qui crachait de l'eau sur les humains pour faire rire ses amis !

Les oiseaux rient également, et qui n'a pas déjà vu un cheval qui semble rire, ou un chien ? Mon poney s'amusait si fort et jouait avec les papillons dès qu'il en voyait, on aurait dit qu'il les taquinait et faisait des bonds de gaieté avec eux.

Pour le chercheur en éthologie Marc Bekoff[6], les animaux ont aussi, par nature, un sens de l'humour. Toute la réflexion de ce biologiste américain nous invite à découvrir les émotions des animaux, et ainsi à les comprendre et à les respecter davantage. En psychologie sociale, il a aussi été prouvé que les connaître mieux et être plus proche d'eux suppriment l'altérisation (le fait de mettre en avant les différences qui nous séparent d'un groupe d'individus). Marc Bekoff invite donc à voir les animaux comme nos semblables.

S'ils sont plus proches de nous que ce que l'on croit, alors la potentialité de leur sens de l'humour paraît assez logique. C'est ce que souligne le primatologue et éthologue néerlandais Frans de Waal avec le titre provocateur de son livre *Sommes-nous trop bêtes pour comprendre l'intelligence des animaux ?*.

---

4. www.tandfonline.com/doi/full/10.1080/09524622.2021.1905065
5. https://journals.plos.org/plosone/article?id=10.1371/journal.pone.0127337
6. Marc Bekoff, *Les Émotions des animaux*, Rivages poche, 2018.

Des émotions identiques ?

Est-ce que les animaux ressentent les mêmes émotions que les humains ? Les études se multiplient sur le sujet, et aujourd'hui, il y a même un consensus.

Du point de vue de la science, Frans de Waal, dont je viens de parler, a montré que les émotions sont ressenties d'une manière similaire : « Beaucoup des émotions partagées par les hommes et les animaux ont une base biologique commune. » Mais ce scientifique a surtout étudié l'empathie et la morale chez les autres animaux, et principalement les grands primates. Il a ainsi démontré que les primates réagissent directement aux émotions que les humains ressentent. C'est ce qu'il appelle la « contagion émotionnelle ».

Les cochons aussi vivent de la contagion émotionnelle : si un cochon anticipe une situation de stress, un second cochon, lorsqu'il arrive à son contact, va montrer tous les signes de cette même émotion. De même, si le premier cochon est joyeux et impatient car il anticipe une situation gaie, celui qui le rejoint le sera de la même manière.

Ces études[7] nous montrent à la fois la manière dont les animaux se connectent aux émotions de leurs semblables, mais aussi la façon dont ils anticipent une situation future (excitation, impatience, ou angoisse et réticence) et ont bien une vie émotionnelle riche.

Les émotions se mesurent par un changement notable tant au niveau physiologique, comportemental que cognitif. Il y a six émotions principales pour Charles Darwin : la joie, la surprise, la peur, la colère, le dégoût et la tristesse. Les moutons, par exemple, ressentent les mêmes émotions que nous. Il existe ainsi de très nombreuses

---

7. https://link.springer.com/article/10.1007/s10071-014-0820-6

études[8] qui soulignent les émotions des animaux et nous montrent comme ils sont proches de nous !

Lors de mes connexions, les animaux me disent souvent qu'ils ont l'impression que les humains sont bloqués et entravés dans des pensées qu'ils ne comprennent pas. C'est d'ailleurs pour cette raison de manque de communication qu'ils utilisent leur comportement – leur seul moyen d'expression – pour nous faire passer des messages. Un chien qui ronge les canapés, un chat qui déterre les plantes, un lapin d'intérieur qui se cache... Tout cela n'a rien d'anodin. Les animaux nous expriment leur mal-être et nous parlent, à leur façon.

Et les sentiments ?

Les sentiments se définissent comme une analyse subjective de l'émotion, et de ce que l'on ressent. Comment savoir ce qu'il se passe dans la tête et dans l'être des animaux ?

C'est là que la connexion animale prend toute sa place et sa raison d'être. Bien sûr, les réponses obtenues en connexion n'ont rien de scientifique et sont difficilement objectives, mais c'est un moyen pour nous de savoir ce que les animaux vivent et ressentent vraiment, et comment cela se manifeste en eux et pour eux.

IDÉE REÇUE

« Les animaux ne rêvent pas. » C'est faux.

Quand les animaux sont suffisamment en confiance dans leur environnement, ils peuvent se relâcher dans leur sommeil et rêver. Par exemple, les chevaux

8. www.researchgate.net/publication/230851712_Animals'_emotions_Studies_in_sheep_using_appraisal_theories

dorment généralement debout, mais s'ils se sentent en confiance ou que l'un d'eux monte la garde, ils peuvent se coucher sur le flanc pour dormir plus profondément. C'est alors qu'on peut les observer « galoper » dans le vide avec leurs membres. Ils vivent leurs rêves, des émotions... Et c'est assez impressionnant à voir.

COMMENT DÉVELOPPER NOTRE EMPATHIE

Nous en avons déjà parlé dans le chapitre 1 : l'empathie est un des grands piliers de la connexion animale. Nous allons maintenant comprendre comment elle fonctionne et comment nous pouvons la développer.

IDÉE REÇUE

« Il faut être bon en méditation pour réussir sa connexion. » C'est faux.

D'après mon expérience, ceux qui savent méditer ont même parfois du mal à se connecter car il ne s'agit pas seulement d'écouter son soi profond, ses propres ressentis, mais de diriger cette connexion vers quelqu'un d'extérieur (l'animal auquel on se connecte).

« Il faut être capable d'arrêter de penser, de couper son mental pour se connecter. » C'est faux.

N'oublions pas que la connexion a lieu dans un autre espace mental, celui du ressenti. Une fois, il m'est même arrivé de penser à tout ce que je devais faire après la connexion, je pensais à ma *to-do list* ! Et pourtant, toutes les informations que j'ai reçues de l'animal étaient justes. Ce que je veux dire par là, c'est que mon cerveau continue de tourner en permanence. Bien que je sois une personne anxieuse et hyperactive, je n'ai jamais eu de mal à me connecter aux animaux. Penser ne m'empêche pas de ressentir. De même, écrire ne m'empêche pas de penser, courir ne m'empêche pas de chanter… et ainsi de suite.

Se mettre à la place de l'autre

Toutes les études[9] sur les mammifères nous montrent qu'ils sont doués d'empathie. Par exemple, un chimpanzé peut en aider un autre qui essaie de pêcher : dans 90 % des cas, il va sélectionner le bon outil à lui donner.

Il est fort probable que d'autres espèces aient cette même capacité de se mettre à la place de l'autre. Les poules, par exemple, vont ressentir physiquement la détresse émotionnelle de leurs poussins : leur pouls va s'accélérer et elles vont leur adresser des vocalisations. C'est la base même de l'empathie : être affecté par ce que l'autre ressent et partager son état émotionnel[10].

Les vaches vont réagir de manière similaire avec leurs veaux et leurs pairs[11]. Pour Frans de Waal[12], le primatologue qui étudie la thématique de l'empathie, ce questionnement est important puisqu'il s'inscrit dans la philosophie de l'animalité qui conteste la séparation entre les espèces. Le terme « animalité » réunit dans un ensemble celui des vivants, aussi bien les humains que les animaux. Pour lui, « l'empathie fait partie intégrante de notre évolution. Elle en est non pas une caractéristique récente, mais une capacité innée vieille comme le

---

9. https://royalsocietypublishing.org/doi/10.1098/rspb.2010.2701
10. www.ncbi.nlm.nih.gov/pmc/articles/PMC5306232/
11. https://assets.farmsanctuary.org/content/uploads/2017/10/27062059/TSP_COWS_WhitePaper_vF_web-v2.pdf
12. Frans de Waal, *Mama's Last Hug*, éditions Granta, 2019.

monde. Par leur sensibilité automatique aux visages, aux corps et aux voix, les humains sont en empathie depuis l'aube des temps [...]. L'empathie est une part de notre héritage, aussi ancienne que la lignée des mammifères. Elle mobilise des régions du cerveau vieilles de plus de cent millions d'années ». Et ainsi, cette empathie pousserait à une réflexion morale, puisqu'elle ferait appel à une « puissante impulsion de notre réalité morale en tant qu'animaux sociaux ».

Les études sur l'empathie animale ont commencé il y a moins d'un siècle, puisque l'empathie était considérée jusqu'alors comme le propre de l'homme, ou un moyen de nous sentir supérieurs aux autres animaux.

Des travaux plus récents[13] ont mis en évidence que des souris, témoins de la souffrance d'autres souris, manifestaient une plus grande sensibilité à leur propre douleur. Cette empathie est renforcée pour les souris qui se connaissent les unes les autres ou vivent dans la même cage.

Tout cela va dans le sens de l'argument avancé par Frans de Waal[14], selon lequel « l'empathie provient de mécanismes neuronaux à partir desquels l'évolution humaine s'est développée. Chez les primates, on met l'accent sur les neurones miroirs comme des médiateurs des réponses empathiques ».

Les neurones miroirs

En cherchant des bases scientifiques à la connexion animale, je suis tombée sur des études portant sur les neurones miroirs et leurs liens potentiels avec l'empathie. Ce sujet m'a tout simplement passionnée. J'aime comprendre comment notre cerveau peut réussir à se

13. https://pubmed.ncbi.nlm.nih.gov/16809545/
14. www.cairn.info/revue-corps-et-psychisme-2017-2-page-169.htm

mettre à la place de l'autre, et ainsi nous montre que l'empathie est quelque chose d'inné. Ce qui corrobore ce que je pense de la connexion animale.

Dans le cadre des recherches sur la cognition sociale, les neurones miroirs seraient ainsi une piste pour comprendre comment l'empathie fonctionne dans notre cerveau. Ce sont les recherches de Vittorio Gallese, de Giacomo Rizzolatti[15] et de leurs collègues de l'université de Parme, qui ont mis en lumière ces fameux neurones. Leurs études suggèrent que l'aptitude à se mettre à la place de l'autre reposerait sur une base neurobiologique qu'ils ont découverte en étudiant les macaques.

En 2006, le *New York Times* a cité ces mots du médecin et biologiste italien, le docteur Rizzolatti : « Il nous a fallu plusieurs années pour croire ce que nous constations. Le cerveau des singes contient une catégorie particulière de cellules appelées "neurones miroirs". Elles s'activent lorsque l'animal perçoit une action (par l'ouïe ou la vue) et lorsqu'il la reproduit de lui-même. » Il poursuit : « Les neurones miroirs nous permettent de saisir les pensées des autres, non par le biais d'un raisonnement conceptuel, mais par une simulation directe : par l'affectivité et non par la pensée. »

Pour résumer ces grandes découvertes, la partie du cerveau impliquée dans la motricité volontaire s'active lorsque l'animal observe le mouvement d'un de ses congénères, sans pour autant effectuer les gestes observés. C'est la même partie qui s'active lorsque j'effectue le même geste. Donc ces neurones s'activent lorsque j'attrape un objet, ou que quelqu'un me touche. Le plus étonnant est que ces mêmes neurones s'activent lorsque je vois quelqu'un attraper un objet, ou être lui-même touché.

---

15. Corrado Sinigaglia et Giacomo Rizzolatti, *Les Neurones miroirs*, Odile Jacob, 2011.

Comme si je me mettais à sa place et que je vivais ce moment à la première personne. Ce mécanisme facilite l'imitation, qui est la base de l'apprentissage chez toutes les espèces animales. C'est ce qui permettrait la création de « culture ». C'est aussi ce qui ferait que des souris vont être prises d'une envie de se gratter contagieuse, si elles voient d'autres souris se gratter. Il en est de même pour nous lorsqu'on voit quelqu'un bâiller, ou bouger sur sa chaise par exemple. Cette découverte expliquerait donc aussi pourquoi et comment nous reconnaissons l'émotion d'autrui, qui est une des bases de l'empathie.

Pour le neurologue indien Vilayanur Ramachandran[16], les neurones miroirs sont les neurones de l'empathie, qu'il appelle aussi les « neurones de Gandhi ». Une preuve biologique de plus de notre reliance les uns aux autres. C'est pourquoi le neurobiologiste les appelle ainsi, en référence aux diverses spiritualités orientales qui mettent en avant le fait que nous sommes tous reliés et interconnectés. La connexion animale serait alors juste un moyen de mettre de l'attention sur une connexion déjà présente en permanence.

Car les animaux aussi ont des neurones miroirs, les études faites sur les oiseaux et différents mammifères nous le montrent[17]. D'autres expériences prouvent par ailleurs qu'ils font preuve d'empathie. Un scientifique nommé Hal Markowitz a étudié les cercopithèques en captivité. Il entraînait les singes à insérer un jeton dans une fente pour obtenir de la nourriture. La femelle la plus vieille du groupe n'y parvenait pas. Ayant observé ses tentatives infructueuses, son compagnon s'approcha d'elle à trois

---

16. www.ted.com/talks/vs_ramachandran_3_clues_to_understanding_your_brain et V. S. Ramachandran, *The Tell Tale Brain*, A Neuroscientist's Quest for What Makes Us Human, 2011.
17. www.economist.com/news/essays/21676961-inner-lives-animals-are-hard-study-there-evidence-they-may-be-lot-richer-science-once-thought

reprises, puis il ramassa les jetons qu'elle avait fait tomber, les inséra dans la machine et la laissa prendre la nourriture. Le mâle avait manifestement évalué correctement la situation : il a ainsi attendu que sa compagne échoue pour lui venir en aide. Il semblait comprendre son désir d'obtenir de la nourriture et les difficultés rencontrées. Rien n'indique qu'il tirait un autre avantage de son comportement que l'aide apportée à sa compagne[18].

Toutes ces études et théories sur les neurones miroirs restent controversées, car elles sont encore récentes et il y a beaucoup de remises en question entre les « neurones miroirs » appelés aujourd'hui « mécanismes miroirs » et leur lien avec l'empathie.

Cependant, les études sur l'empathie nous montrent que la capacité de se mettre à la place de l'autre, ce que l'on fait dans la connexion, est innée. Pour moi, l'empathie est un véritable cadeau - même si la grande sensibilité qu'elle exige peut parfois être vécue comme un fardeau, pas toujours facile à porter.

Mon conseil : n'oubliez pas que cette sensibilité est un formidable moyen de se connecter à des émotions et des sensations merveilleuses, un moyen d'aider par son écoute un animal qui en a besoin, un moyen de reconnaître simplement tous les êtres vivants que l'on croise dans la rue et dans la forêt grâce à un regard sincère, un moyen de soulever une montagne pour que le monde soit adapté à nous, un moyen de crier, de chanter et de danser pour qu'un jour on comprenne tous comme la sensibilité est ce qu'il y a de plus beau, de plus précieux, de plus honorable, et de plus poétique.

---

18. Hal Markowitz, *Behavioral Enrichment in Zoo*, Van Reinhold Company, 1982. https://medias.cerveauetpsycho.fr/api/v1/files/626bb938e13757576c6a1cc8?alt=file

C'est le moyen de créer une partition de musique à l'image du monde dans lequel on aimerait exister. Ce message est un message d'espoir que je veux partager avec vous. Un rappel de ne jamais lâcher, de ne pas mettre de côté cette empathie et cette sensibilité, comme j'ai essayé de le faire lorsque j'étais moi-même en grande souffrance. Cette sensibilité est votre joyau intérieur, une lumière qui vous éclairera toujours dans le sombre de la nuit.

PLACE TO PLACE

Avec cette nouvelle connexion, plongeons dans le monde des animaux et appréhendons leur capacité bien particulière à ressentir leur environnement.

Dans cet exercice, nous allons voir comment nous pouvons développer cette empathie propre aux animaux, et voir ce qu'ils voient, ressentir ce qu'ils ressentent... Vraiment, je pèse mes mots. Cet exercice va permettre de réellement se mettre à leur place, de nous glisser dans leur corps, de ressentir à la fois leurs sensations physiques, les émotions développées, mais aussi leurs ressentis psychologiques. Qu'est-ce que ça fait d'être un papillon, un chien, ou un renard ?

Prendre ainsi leur place, l'espace d'un instant, ne change rien pour eux, mais cela bouleverse profondément notre vision des choses.

Les étapes à suivre :

1) **Respirez** profondément selon la technique de votre choix (voir page 58), puis fermez les yeux.

2) Une fois que vous vous sentez bien et détendu, **choisissez** un animal et proposez-lui de venir vers vous. Ressentez son énergie se rapprocher. Quand il s'est stabilisé, émettez l'intention de vous connecter à lui, et plongez dans son monde.

3) **Demandez-vous** ce que vous ressentiriez si vous étiez dans son corps : quelles sensations vous viennent ?

4) **Développez** encore vos ressentis en captant la signature énergétique de l'animal, c'est-à-dire l'identité de l'animal, son essence, qui il est vraiment. Ne cherchez pas à retranscrire par des mots, mais accrochez-vous à ce que vous voyez, vous ressentez avec vos sens (vue, odorat, ouïe...).

5) Comment vous **sentez-vous** ? Lourd, léger ? Amusez-vous à ressentir de nouvelles sensations dans ce corps. Par exemple, la légèreté de courir dans le corps d'un renard. La sensation de chaleur dans un terrier tout chaud. Avez-vous des goûts qui vous viennent ?

6) Une fois que vous avez fini, **émettez l'intention de vous déconnecter** de cet animal, remerciez-le, envoyez-lui de l'amour et respirez profondément.

7) Puis, tranquillement, **ouvrez** les yeux.

Et si ça ne marche pas ?

Il est très important de faire les exercices le plus simplement et spontanément possible, sans complexifier les choses. Je sais que ce n'est pas évident de suivre les consignes d'un livre, mais n'oubliez pas que c'est plus facile que ce qu'il y paraît. Je veux dire que nous avons tendance à tellement attendre de la communication animale (un vrai dialogue par exemple, alors que ce ne sont la plupart du temps que des ressentis diffus) que nous compliquons l'exercice. Vous ne pouvez recevoir qu'une seule image, qu'une odeur… et parfois rien, et c'est très bien. Si c'est le cas, vous pouvez vous demander : de quoi est fait ce rien ? Quelle émotion ou sensation l'habite ?

LES ENSEIGNEMENTS DE MICHEL DE MONTAIGNE

Lisez ce nouvel extrait de Michel de Montaigne et prenez le temps d'y réfléchir.

« Voyez par exemple comment font les habitants de Thrace quand ils veulent se risquer sur quelque rivière gelée : ils lâchent un renard devant eux, et quand celui-ci est près du bord, il approche l'oreille de la glace pour savoir si le bruit de l'eau en dessous est proche ou lointain, en déduit que l'épaisseur est plus ou moins grande, et donc avance ou bien recule... Quand on voit cela, ne peut-on penser que lui passent par la tête les mêmes idées que celles que nous aurions nous aussi dans cette situation, et qu'il s'agit là d'un raisonnement et d'une conclusion qui viennent du bon sens naturel, comme : "ce qui fait du bruit est agité ; ce qui est agité n'est pas gelé ; ce qui n'est pas gelé est liquide, et ce qui est liquide ne peut supporter de poids."

Car attribuer cette attitude uniquement à une finesse d'ouïe particulière, sans faire intervenir le raisonnement ni la déduction, c'est là une chimère, et cela ne peut trouver place en notre esprit. Il faut en juger de même pour de très nombreuses sortes de stratagèmes et d'inventions par lesquelles les animaux se protègent de nos entreprises à leur encontre.

Et si nous croyons tirer quelque avantage du fait qu'il nous est possible de les attraper, de nous en servir, d'en user à notre convenance, il ne s'agit là que d'un avantage du même genre que celui que nous avons nous-mêmes les uns sur les autres : nous imposons ces conditions à nos esclaves.

[...] Les poissons nous montrent aussi comme ce lien et cette soi-disant hiérarchie que nous avons sur les animaux n'est fondée sur rien, autant que celle qui nous rendrait supérieurs aux autres humains. Il nous rappelle que ce sont nos privilèges que nous devons remettre en question. »

Michel de Montaigne,
Les Essais, 1580.

LES 3 IDÉES CLÉS DU CHAPITRE

◊ Pour accéder aux émotions de votre animal, glissez-vous dans son corps en vous connectant à lui pour voir ce qu'il voit, ressentir ce qu'il ressent.

◊ Soyez attentif aux éléments que votre animal vous livre sur son passé : il a sa propre histoire et des souvenirs qui peuvent faire écho aux vôtres.

◊ Appuyez-vous sur vos neurones miroirs pour développer votre empathie.

COMMENT COMPRENDRE LES BESOINS DE SON ANIMAL ?

« La grandeur d'une nation et son progrès moral peuvent être jugés à la manière dont les animaux sont traités. »

Gandhi

LE BAIN DE DINO

Je vais vous raconter l'histoire d'un chien qui avait peur de l'eau.

C'était au tout début de mon chemin vers la connexion, j'avais peu confiance en moi. Une amie m'appelle pour me demander de l'aide pour son chien de 9 ans qui, depuis toujours, a très peur de prendre des douches. Il déteste qu'on le lave : il tremble et pleure énormément à chaque fois.

Je connais déjà Dino, je l'ai déjà rencontré plusieurs fois. Je n'ai aucun mal à me connecter à lui. Il me montre par des images qu'il redoute qu'on le lave car il n'aime pas perdre son odeur. Il me dit que pour les chiens, l'odeur est quelque chose de primordial et qu'il se sent mis à nu lorsque sa gardienne lui donne une douche. En fait, il aime séduire et c'est grâce à son odeur qu'il séduit.

Après avoir pris le temps de l'écouter attentivement, je lui explique qu'il n'a pas à s'inquiéter car il ne perdra jamais son odeur. La douche lui permet simplement de se rafraîchir et n'enlève rien à son pouvoir de séduction.

Je termine la connexion en me demandant si elle a bien fonctionné car je ne m'attendais pas du tout à recevoir cette réponse de Dino !

Une demi-heure plus tard, je reçois un texto de la gardienne de Dino : « As-tu fait la connexion avec Dino ? » Je réponds presque en m'excusant : « Oui mais très, trop rapidement, je vais la refaire. » Une minute plus tard, je reçois un nouveau message : « Parce que c'est incroyable, Dino est dans la douche, tout content, en train d'attendre en remuant la queue. C'est une première, comme s'il savait que j'allais le doucher, et il en est heureux, il ne tremble même pas ! »

À vrai dire, j'ai beaucoup douté de moi sur cette connexion, car je n'avais pas encore confiance en mes ressentis, et les réponses de Dino me semblaient illogiques... J'ai appris ensuite que le fait que ce soit surprenant est souvent le signe que la connexion a bien marché, au contraire !

Depuis, la douche n'a plus jamais été un problème pour Dino.

Pourquoi je vous partage cette connexion ? Pour vous montrer que jamais, avec notre cerveau d'humain, nous ne pourrions deviner ce que les animaux pensent exactement. Sans connexion, on laisse place à l'interprétation, et on a tendance à se tromper, car il est difficile de deviner les pensées qui habitent un animal. Toute interprétation de son comportement est erronée. C'est à nous de comprendre que leurs pensées ne se devinent pas. La réponse, à travers la connexion, est souvent surprenante, toujours intéressante, et elle nous permet d'en apprendre beaucoup sur nos colocataires sur cette Terre.

L'AMOUR ANIMAL, UN AMOUR INCONDITIONNEL

Un des principaux besoins des animaux est, comme pour nous, l'amour ! La première question que l'on me pose lors des connexions animales est toujours : est-ce que mon animal m'aime ? Nous savons que nous les aimons, mais il est parfois difficile de savoir si eux nous aiment en retour...

Des sentiments purs

Alors, je profite de ce livre pour vous confier un secret : oui, votre animal vous aime ! Il n'y a aucun doute là-dessus, même pas la peine de faire une connexion animale pour le savoir de manière certaine ! Les animaux, toujours à l'écoute et à nos côtés, nous apprennent la douceur et la vérité. Ils ne mentent jamais. Ils voient au-delà des frontières du possible. Quoi que nous fassions, rien ne leur fera regretter cet amour, ni le changer. Les animaux nous aiment et nous apprennent à aimer autrement. Ils nous apprennent à aimer vraiment.

En revanche, leur manière de nous exprimer cet amour n'est pas toujours celle que l'on attend. Parfois, un comportement jugé indésirable (destruction du canapé, aboiements intempestifs…) peut être une preuve d'amour. Je repense par exemple à cette jument, Lotus, qui attaquait tous les humains qui entraient dans son pré… sauf sa gardienne. Cette dernière m'a demandé d'établir une connexion animale afin de comprendre ce comportement à la fois problématique et dangereux. Le message du cheval s'adressait, comme souvent, à sa gardienne. Face à sa très grande sensibilité mal gérée (sans limites et vécue avec tristesse), la jument souhaitait, par son comportement, créer un barrage de protection entre sa gardienne et les autres humains qui pourraient la blesser. Dès que sa gardienne a appris à se protéger et à ne plus se laisser envahir, le comportement agressif de la jument a cessé.

Et les animaux torturés ?

Même les animaux torturés et dont on a pris les bébés ne haïssent pas les humains, et pourtant, ils le pourraient. Pourquoi cette certitude ? Car les animaux aiment vraiment, c'est-à-dire d'un amour pur qui n'attend aucun retour en échange. Et cela peut poser question, vous avez déjà sûrement entendu parler des enfants maltraités mais qui aiment leurs parents ? Eh bien, on pourrait dire que pour eux, c'est à peu près similaire.

Dans ma recherche de certitudes et de preuves, j'ai fait des connexions avec les animaux qui souffrent depuis leur naissance. Sur un an, j'en ai réalisé plus d'une centaine avec différents types d'animaux et dans différents milieux : élevages, cirques, courses de chevaux, zoos...

Et un jour, j'ai eu comme une prise de conscience, une illumination de mon esprit. J'ai alors accepté ce qui me semblait inconcevable : malgré tous les mauvais traitements infligés, les animaux n'en veulent pas aux humains. Naître dans une cage, avoir été séparé de sa maman, être battu, ou être attaché dans une forêt avant d'être violemment tué... tous ces comportements ne leur font pas nous détester. Oui, ils souffrent atrocement et feraient tout ce qui est possible pour sortir de cet enfer, et ils le font, ils résistent, ils s'échappent, mais ils ne ressentent pas de haine envers l'humanité.

Un jour, au milieu de la nuit, sur une aire d'autoroute du Sud, je croise une bétaillère transportant une centaine de cochons entassés. Hors de moi, je fais tout mon possible pour les sortir de là. Évidemment, je n'y arrive pas, car tout était bien fermé. Je me retrouve donc simplement à leur donner un peu d'eau car ils étaient assoiffés. Je me souviendrai toujours du regard d'un petit cochon. Je n'ai jamais ressenti autant de gratitude et d'amour dans un regard. J'étais d'autant plus perturbée que j'appartenais à l'espèce-bourreau qui le faisait souffrir. Ce petit cochon est toujours resté dans un coin de ma tête, comme une invitation à regarder plus loin. À comprendre qu'en vouloir à certains individus victimes d'un système ne servait à rien. Qu'en vouloir à tout le monde, puisque leur cerveau met en place de la dissonance cognitive, ne servait à rien non plus. Ce petit cochon me disait de me concentrer sur autre chose, de travailler à un nouveau monde que j'aimerais voir exister. Cela ne signifiait pas d'effacer toute sensation de rage ou de colère. Au contraire, notre colère est précieuse, elle alerte sur les problèmes de maltraitance. Mais le cochon me disait qu'il fallait apprendre à mieux diriger toute cette énergie et la mettre au service d'un monde meilleur !

Cette histoire me rappelle celle de mon lapin, nommé Pinpin, ayant été récupéré dans une cage de moins d'un mètre carré, enfermé sans pouvoir bouger, et prêt à partir à l'abattoir. Il n'avait jamais vu le soleil, ni couru dans l'herbe, etc. Lorsque je l'ai récupéré, nous ne pensions même pas qu'il survivrait. Et encore moins que cet être qui avait vécu une vie de misère enfermé dans une cage allait apporter tant de joie et d'amour à tous les humains autour de lui.

Jouant avec nous, le chat ou les chiens dans le jardin, courant partout... C'est simple, en quelques mois, cet adorable lapin est devenu la mascotte de mon quartier, aimé par tous, et aimant tout le monde. Par cette attitude d'ouverture, il nous rappelait sans cesse cette gratitude dont tous les animaux sont capables, qui dépasse toutes les frontières entre les espèces. C'était si inspirant de vivre à ses côtés et de mesurer l'immense amour et la gratitude pour la vie dont il faisait preuve. Les animaux nous offrent de magnifiques rappels de vie, si nous tendons l'oreille. Ils vivent pleinement le moment présent, dans une générosité sincère du cœur et surtout, une authenticité précieuse.

Refuser le spécisme

Personnellement, je pense que la connexion animale est intrinsèquement liée à l'antispécisme. Elle s'inscrit dans une conscience d'un paysage global plus large qui inclut notre rapport, en tant qu'humain, aux autres animaux. Une connexion animale totalement dépolitisée, ou plutôt coupée des dynamiques sociétales et de l'oppression que vivent quotidiennement les autres animaux, perd son sens.

En effet, du fait de notre position et de notre éducation d'humain, le rapport de force est inhérent à la relation que l'on entretient avec les animaux. Qu'on le veuille ou non, notre éducation est foncièrement spéciste : nous avons appris que nous sommes supérieurs aux animaux et qu'en quelque sorte, ils sont là pour nous. Ouvrir les yeux sur cette injustice, s'en rendre compte, nous redonne déjà des bases solides pour une nouvelle relation pérenne avec nos animaux tant aimés.

Grâce à ce cochon de l'aire d'autoroute, j'ai tiré de grandes leçons de vie quant à la capacité des animaux à ne pas émettre de jugement. Certes, ils ne ressentent pas de haine, mais cela ne signifie pas que ce qu'ils vivent est acceptable et doit continuer à exister.

Pour la petite histoire, ce petit cochon a beaucoup compté dans ma vie. C'est lui qui m'a insufflé l'idée de faire des formations en connexion animale. Et à chaque session, il vient comme accompagnant pour guider mes élèves alors qu'il est décédé depuis longtemps. Le plus drôle, c'est qu'il se présente avec des lunettes disco pour détendre l'atmosphère auprès de tous mes élèves. Il nous rappelle, doucement, que lui et tous ses amis méritent une vie digne.

L'antispécisme

C'est la lutte contre le spécisme. Le spécisme est une idéologie qui considère le critère de l'espèce comme pertinent pour discriminer et exploiter des individus, s'appuyant ainsi sur une hiérarchie entre les espèces, avec l'être humain au sommet de la pyramide.

L'antispécisme lutte contre l'exploitation, le meurtre et l'oppression des animaux non humains, sous prétexte qu'ils ne sont pas « humains » justement.

LES AIMONS-NOUS DU MÊME GENRE D'AMOUR ?

Pour comprendre les besoins de son animal, il faut aussi examiner nos propres besoins affectifs et considérer leur poids dans la relation que nous tissons tous les jours avec notre animal.

Un amour avec attentes

Les animaux avec qui nous partageons notre vie nous apportent principalement un ancrage émotionnel. Ce n'est pas un problème en soi, mais il faut mettre une conscience là-dessus. Car, en toute logique, il ne s'agit pas d'amour inconditionnel mais d'un amour avec attentes en retour. On attend d'eux qu'ils soient là si besoin, qu'ils fassent acte de présence, qu'ils nous aident à gérer certaines situations (par exemple un sentiment de solitude, une perte de sens ou de repère...). Dans la réalité, la plupart du temps, les animaux respectent ces attentes et dépassent même largement nos espérances. Mais dans certains cas, l'animal répond de manière différente, ou pas suffisamment, selon nous. Cette attente biaise la relation gardien-animal.

D'ailleurs, j'aimerais revenir sur le terme, que je n'aime pas du tout, « animal de compagnie ». Les animaux ne sont pas là pour nous tenir compagnie ! Et employer ce terme courant, sans y mettre une once de conscience, c'est en quelque sorte valider cet état de fait.

Les animaux « de compagnie »

Lorsque nous parlons d'animaux « de compagnie », nous centrons notre regard sur nous, sur ce qu'ils peuvent nous apporter : ils seraient là uniquement pour nous « tenir compagnie ». Le référentiel reste donc l'humain. C'est un point de vue anthropocentrique.

Il serait grand temps de renverser la manière dont on les appelle, et ainsi mettre l'accent sur l'individualité particulière à chacun. Le langage et les mots nous permettent de penser et de décrire une situation : ils ont donc aussi un pouvoir sur notre façon de voir la réalité. S'il n'existe aucun terme juste pour désigner une relation plus équitable, celle-ci peut difficilement se matérialiser dans la réalité.

On parle de « poule pondeuse », de « vache laitière », de « poulet de chair », etc. Les animaux ne sont définis que par leur fonction et leur intérêt pour l'homme qui les exploite. En les nommant ainsi, on efface leur réalité et leur personnalité. Même si le terme de plus en plus utilisé « animaux non humains » est un premier pas (puisqu'il reconnaît que l'humain est bien un animal parmi les autres), il n'est malheureusement pas parfait. En effet, il ne permet pas d'entrevoir la réalité immense d'individus différents qu'il englobe, et le référentiel de base reste encore une fois les humains.

Cette réflexion nous permet de remettre en question l'anthropocentrisme. On passe ainsi de « L'humain est au centre, il est le seul être sur Terre à avoir droit à un statut moral » à un pathocentrisme (du grec *pathos*,

« souffrance ») où cette fois, tous les êtres sentients, c'est-à-dire les êtres sensibles qui ressentent la douleur (voir page 67), ont droit à ce statut moral.

Cela me rappelle la grande révolution solaire, quand nous avons compris que la Terre n'était pas le centre de l'univers, mais qu'elle tournait autour du Soleil. Ce qui se joue actuellement est d'accepter que les humains ne sont pas au centre du vivant, avec le contrôle sur les autres espèces…

La connexion animale à notre secours

La connexion animale permet justement de sortir de notre vision anthropomorphique du monde, et d'apprendre à se tourner davantage vers l'animal, à comprendre ses attentes et ses besoins… C'est notamment en cela que la connexion est magique et change à jamais nos relations avec les animaux :

- On peut analyser avec justesse les raisons d'un comportement jugé indésirable.
- On se reconnecte à soi-même et on découvre de nouvelles dimensions de nous-mêmes.
- On reprend notre juste place sur Terre, plus humble sans doute, moins arrogante en tout cas, mais surtout plus belle, puisque des milliards de possibilités d'amitiés nouvelles s'offrent alors à nous.
- On arrive à comprendre ce que les animaux pensent, ressentent, vivent et perçoivent.
- On peut vivre de nouvelles expériences, comprendre le potentiel des autres animaux (c'est-à-dire une dimension bien plus riche qu'une simple boule de poils), le fait qu'ils sont plus que ce que l'on voyait d'eux, et créer une nouvelle relation avec eux.
- On peut leur envoyer de l'amour.

L'EXERCICE DE LA CONNEXION ÉCRITE

Pour cet exercice, je vous propose de prendre un cahier et un stylo. L'idée est d'écrire tout ce qui vous vient à l'esprit, sans réfléchir.

Émettez l'intention de vous connecter à votre animal, et écrivez tout ce qui vous vient sur lui (souvenirs, pensées, anecdotes, réflexions…). Peut-être que des images ou des petits films émergeront : prenez tout et transcrivez-les.

Cet exercice va vous permettre à la fois de développer votre intuition, de ne pas mettre de filtre entre ce qui vous vient naturellement et le reste, mais aussi peut-être de vous découvrir un talent et une passion pour cette forme d'écriture intuitive.

Et si ça ne marche pas ?

Comme je vous le disais, les exercices de ce livre sont des propositions et il est normal que vous n'adhériez pas à tous. L'idée est de les essayer les uns après les autres et de voir ceux qui vous conviennent le mieux, sans hésiter à les aménager selon votre intuition. Si la connexion écrite ne vous convient pas, ce n'est pas grave, passez à autre chose.

Les erreurs à éviter

D'après mon expérience, j'ai noté quelques erreurs fréquentes qui brouillent la fluidité des premières connexions. Ces erreurs concernent une mauvaise intention de départ. Voici les plus fréquentes que j'ai relevées.

Par rapport aux animaux

Erreur numéro 1 : demander une connexion afin de changer le comportement de l'animal, sans même prendre le temps d'échanger avec lui et/ou d'en comprendre les causes.

On me demande parfois de me connecter pour modifier un trait de l'espèce. Par exemple : « Pouvez-vous demander à mon chat d'arrêter de chasser les oiseaux ? » Ce n'est évidemment pas possible, c'est logique pour lui de chasser, et son instinct reste, même si on ne le souhaite pas.

Mes conseils :

◊ La connexion avec des attentes très précises n'aboutira à aucun changement. Un animal modifiera son comportement quand son gardien aura lui-même compris et surtout assimilé les raisons de son attitude.

◊ C'est toujours mieux que la connexion soit la plus neutre possible. À la fois sans attentes et sans affect particulier. Au départ, une connexion avec un animal inconnu (pas le sien) décuplera les chances de réussite. En effet, dans ce cas-là, la personne qui se connecte se met en position d'accueillir et de délivrer les messages animaliers sans attendre un quelconque changement.

Pour rappel, la connexion animale permet avant toute chose de donner la parole aux animaux, de les laisser exprimer des choses.

Erreur numéro 2 : attendre une réponse en particulier. « Est-ce que mon animal m'aime ? Est-ce que son tapis de jeu est à la bonne place ? »

Apprendre à se connecter avec les animaux, c'est accepter d'ouvrir une porte vers un nouveau monde, c'est se lancer dans l'inconnu sans filet. On ne sait donc pas ce qu'on va y trouver (et tant mieux !).

Une jument avait des problèmes de poids, et faisait régulièrement des fourbures, un problème de santé invalidant, lié à une surcharge sur les membres antérieurs. Elle m'a expliqué qu'elle avait eu trois poulains, et cela avait été très dur pour elle de devoir s'en séparer. Aujourd'hui, elle espérait les avoir avec elle et cela impactait sa manière de manger, et donc son poids. Cette connexion n'a pas permis de changer quoi que ce soit concrètement, car on ne pouvait pas lui redonner ses poulains, mais cela a permis de mieux la comprendre et de mieux l'accompagner de manière générale.

Mes conseils :

- ◊ Acceptez de vous laisser surprendre et de recevoir tous les messages, même les plus inattendus. Apprenez à être seulement présent et à l'écoute.
- ◊ Avant de se lancer dans la connexion animale, il faut être au clair avec soi-même : suis-je d'accord pour tout entendre ? Et, au besoin, rectifier ma façon de faire ?

Une connexion animale peut entraîner un changement de comportement ou d'attitude chez le gardien. En effet, l'animal souligne parfois, sans une once de culpabilisation, que certains comportements ne sont pas respectueux : par exemple, le fait de crier pour se parler entre membres d'une même famille, être absent alors qu'on passe du temps avec les animaux, réitérer tel agissement traumatisant...

Par rapport aux gardiens

Erreur numéro 1 : chercher à tout prix une validation en posant par exemple la question « Est-ce que c'est juste ou correct ? ».

Lors de la connexion avec un autre animal que le vôtre, vous êtes son porte-parole, son interprète. Il faut faire attention à nos différents biais cognitifs, par exemple le biais de confirmation qui va chercher et prendre en considération uniquement les informations auxquelles on croit déjà, et qui va nous faire ignorer toutes les informations qui contredisent nos croyances.

À ce sujet, j'ai entendu une professionnelle de la communication animale dire qu'un dauphin de zoo se sentait bien dans son aquarium. Pourtant, aucun de ses besoins vitaux n'est respecté, et il montre tous les signes du mal-être (stéréotypie, perte d'appétit, etc.). La connexion animale n'est pas là pour diffuser des réponses qui nous arrangent ni pour confirmer nos croyances.

Mon conseil :

◊ Ne changez pas le sens des messages et ne cherchez pas à leur donner du sens à tout prix. Délivrez le contenu sans peur du jugement, sans crainte de vous tromper et sans recherche de validation.

Durant votre apprentissage de la connexion, méfiez-vous aussi du biais de négativité : ne vous concentrez pas sur les résultats négatifs, ou sur les échecs, et n'effacez pas vos progrès et vos réussites. Notre cerveau met en place des stratégies pour limiter l'inconfort créé par une dissonance entre nos croyances et nos actions.

Je pense qu'au fond de nous, on sait toujours ce qui est juste et ce qui ne l'est pas. Il n'y a plus qu'à écouter notre petit cœur et à agir en conséquence.

Erreur numéro 2 : faire une connexion pour se vanter de savoir le faire.

La connexion est un acte spirituel, d'âme à âme, un travail de reliance à tous les êtres vivants dans un noble but. Si vous voulez vous connecter pour épater la galerie, vous avez loupé l'esprit de la démarche.

Mon conseil :

◊ Ne recherchez pas à tout prix des bénéfices personnels à la connexion animale. Connectez-vous dans une attitude humble et désintéressée.

IDÉE REÇUE

« C'est embêtant de se connecter trop souvent. »
C'est faux.

Si l'animal ne souhaite pas communiquer avec vous, il vous le fera savoir en vous tournant le dos par exemple ou en vous le disant très clairement. Certains adorent que l'on se connecte sans cesse, et pour d'autres, ce n'est pas le cas : cela dépend de la personnalité et des besoins de chacun.

SE METTRE AU DIAPASON DE LEUR AMOUR

Les animaux voient bien au-delà des masques sociaux que nous portons et des frontières entre espèces que nous avons créées entre eux et nous. Mais nous, sommes-nous capables de les aimer vraiment ? De leur donner le meilleur même si eux ne nous donnent rien (c'est purement hypothétique) ? Arriverons-nous à sortir de la recherche, tellement humaine, de comblement d'un vide et du besoin d'être aimés ? Sommes-nous vraiment prêts à être là pour eux, à nous mettre à leur service ?

Ces questions sont importantes car elles peuvent créer, même de manière inconsciente, un déséquilibre dans la relation et beaucoup d'attentes de notre côté. Ces attentes sont souvent inconscientes. C'est pour cette raison qu'il est intéressant de mettre le doigt dessus en y réfléchissant en amont.

Comment recevoir leur amour et transmettre le nôtre ?

Le plus important est de se mettre dans une disposition d'accueil et un état d'acceptation pour recevoir ce qu'ils ont à nous transmettre.

Parfois, selon que nos relations sont plus ou moins compliquées, il est difficile de recevoir l'amour d'un être humain. En pacifiant nos relations avec les autres animaux, nos relations avec le reste du vivant – dont les humains font partie – peuvent aussi s'apaiser, par ricochet.

Ce changement est possible en mettant simplement de la conscience sur ce mécanisme.

Cette connexion que l'on instaure avec les animaux nous permet de réaliser que nous ne nous sommes pas retrouvés ensemble par hasard. Le lien qui nous unit est fort, nous venons avancer ensemble, panser nos blessures, évoluer. Comme des compagnons de route qui vont s'entraider, s'encourager et se soutenir.

Au final, si nous arrivons à mettre de côté nos attentes, à écouter humblement les animaux, nous redeviendrons ces compagnons de route qui font un bout de chemin ensemble sur cette Terre. Les animaux retrouveront alors leur statut de colocataires : certes, ils vivent avec nous, mais ne nous doivent rien. En avoir conscience rend le chemin de vie à traverser beaucoup plus doux.

Les animaux et le jeu

Le jeu est un aspect essentiel du développement des individus, humains et non humains. Les animaux jouent, aussi bien seuls qu'ensemble[1]. Le jeu demande d'être loyal, de prendre en compte les envies et les intérêts des autres et de coopérer. Pour jouer ensemble, les animaux s'accordent sur des règles du jeu à respecter sous peine d'en être exclus.

1. https://escholarship.org/uc/item/8sx4s79c

Tous les animaux, s'ils en ont la possibilité, et en fonction de leur personnalité, jouent. Le jeu semble un marqueur de complexité cognitive. Les cochons par exemple jouent ensemble, font preuve de curiosité, et parfois, s'amusent même tous seuls. Vous avez sûrement déjà vu un animal se mettre à sauter et à s'amuser tout seul. La possibilité de jouer, de créer du lien social, et de découvrir des nouvelles choses influe sur le bien-être des cochons positivement. Le jeu est donc un bon moyen de tisser un lien fort avec votre animal, et d'échanger de l'amour.

L'essence de la connexion

La connexion est un moment magique et pur. Faisons en sorte qu'elle le reste !

Une connexion pour eux

Je n'aimerais pas que la connexion animale devienne un outil supplémentaire d'asservissement des animaux. En effet, elle n'a pas pour but de créer de rapport de force avec les animaux, ce n'est pas non plus un moyen de les contrôler et de les faire changer dans un sens qui nous arrange.

Lors des exercices, on peut être tenté d'influer sur les animaux pour changer certains de leurs comportements. Ce n'est pas la philosophie de la connexion animale, qui est basée sur l'écoute vraie, la compréhension mutuelle et l'amélioration de la relation.

Si on devait retenir une seule règle dans la connexion animale, ce serait : ne jamais chercher à se servir des autres animaux. On se connecte pour eux, et uniquement pour leur bien-être et leur offrir un temps d'écoute à eux. Ce ne sont ni des peluches, ni des objets à notre disposition, et même si c'est ce qu'on nous a appris, les faits, couplés à notre sensibilité, nous montrent bien qu'un changement de perspective est nécessaire. La connexion animale en elle-même est une éthique de vie, une nouvelle philosophie. Il existe déjà bien trop d'outils, de machines pour soumettre les animaux, cette connexion doit rester intentionnellement plus pure. Et vous verrez, elle vous apportera dans tous les cas beaucoup en retour.

Une question d'éthique

En apportant aux animaux une écoute sincère et dénuée d'attente, on se place sur le domaine de l'éthique. Pour que la connexion ait pleinement un sens, il faut qu'elle soit suivie d'actes concrets. Par exemple, si un chien nous demande de déplacer son panier en journée afin de recevoir de la lumière, il est nécessaire de le faire afin de respecter sa demande. Si, en revanche, on ne peut pas effectuer le changement souhaité (s'il nous demande d'être dans un jardin pendant la journée), on peut lui expliquer pourquoi ce n'est pas possible. On peut aussi trouver un compromis pour satisfaire sa demande en lui proposant par exemple de le déposer, de temps en temps, chez quelqu'un qui a un espace extérieur afin qu'il se sente bien… L'idée est toujours la même : écouter, puis voir si on peut ou non répondre à ses demandes. En cas d'impossibilité, il faut lui expliquer les raisons et essayer de trouver des solutions alternatives.

En revanche, aucune connexion ne peut prétendre aborder le domaine de la santé de l'animal. Souhaite-t-il vivre ? Préfère-t-il arrêter les soins ? Ces questions ne doivent pas être traitées, car elles sont sujettes à interprétation, avec de gros risques pour l'animal concerné. Je pense par exemple aux débutants qui pensent pouvoir émettre un diagnostic sur l'animal. Non, abstenez-vous, vous n'êtes pas vétérinaire. De même, un soin énergétique (voir page 140), même prodigué avec beaucoup d'amour, ne remplacera jamais un traitement donné par un expert. Nos croyances personnelles ne doivent pas affecter sa santé. Les animaux sont à notre merci, vulnérables, alors essayons d'être le plus justes possible pour eux. Pour tout ce qui touche à la santé, l'avis d'un vétérinaire est toujours nécessaire. Et de manière générale, n'affirmons rien de façon péremptoire, prévoyons toujours une marge d'erreur et, surtout, ne leur confisquons pas leur parole.

La notion de respect

Quelle place avons-nous envie de prendre dans ce monde ? Comment voulons-nous y évoluer ? Et surtout, dans quel monde souhaite-t-on vivre : un monde où on se respecte les uns les autres, ou un monde où les plus forts gagnent ?

La phrase de Gandhi « Sois le changement que tu souhaites voir dans le monde » prend tout son sens. Être simplement à l'écoute et respectueux ne va pas changer le monde. En revanche, cela nous permet de rendre tangible et d'incarner le changement que l'on souhaite voir advenir. Pour moi, le respect est une belle notion qui nous permet de mieux vivre ensemble.

DE CŒUR À CŒUR

Cette connexion met l'accent sur l'accueil des messages de l'animal, pour bien comprendre ses besoins. Vous pouvez la réaliser les yeux ouverts, en présence de votre animal (mais inutile de le fixer dans les yeux, il se demanderait ce qu'il se passe !), ou bien dans votre bulle, les yeux fermés, sans que l'animal soit nécessairement présent (ce qui est finalement plus facile et tout aussi intéressant).

D'abord, comme à chaque connexion, nous allons réitérer les premières étapes de préparation.

1) **Fermez les yeux et respirez profondément :** prenez cinq profondes inspirations et expirations. À chaque inspiration, sentez vibrer de plus en plus intensément la connexion que vous avez avec le monde et avec le reste du vivant, en la laissant vous envahir. À chaque expiration, sentez toutes les tensions se relâcher. Petit à petit, vous vous sentez de plus en plus détendu et connecté.

2) **Visualisez** juste devant vous l'animal avec lequel vous souhaitez vous connecter.

3) **Proposez-lui** d'avancer vers vous, avec une profonde intention de transmission. Il pourra alors se rapprocher, ou bien faire demi-tour s'il ne veut pas entrer en contact avec vous.

4) **Imaginez ensuite un petit fil doré** qui part de votre cœur pour se connecter à son cœur à lui. À travers ce fil, vous pouvez faire passer tout l'amour que vous ressentez pour lui, avec la forte intention qu'il le reçoive.

5) **Profitez-en** pour lui faire passer des messages d'amour, ce que vous aimez chez lui, ce que vous trouvez beau, en imaginant encore une fois qu'il reçoit tous les messages. Plus vous l'utilisez, plus ce fil de connexion devient un réel canal de transmission qui vous relie tous les deux.

6) Une fois que vous sentez au fond de votre cœur que tous ces beaux messages sont passés, vous pouvez **laisser le canal ouvert** pour poursuivre la connexion intuitive centrée sur votre animal.

7) Préparez-vous cette fois-ci à **accueillir les messages de votre animal**. Comment ? Faites le vide, n'envoyez plus rien, mais mettez-vous simplement en posture de réception : non pas dans l'attente, mais dans le rien. Imaginez que le canal est toujours relié, soyez prêt à recevoir et prenez tout ce qui vous vient : la moindre sensation de bien-être, le moindre frisson, le moindre mot, la moindre image. Laissez-vous submerger par les messages transmis. Restez dans cet espace-temps particulier, ne partez pas avant d'avoir reçu tous les messages de votre animal.

8) Puis, lorsque vous voudrez clore cet échange, puisque plus rien ne vous vient, que votre animal a fini de vous montrer ce qu'il souhaitait partager avec vous, alors vous pouvez **le remercier** en lui **envoyant de l'amour** et beaucoup de gratitude pour votre partage.

9) Si vous le souhaitez, avant que votre animal s'en aille, laissez le lien en place avec lui afin de rester reliés en permanence, même lorsque vous êtes loin l'un de l'autre. Pour cela, portez une attention particulière au lien établi pendant cette connexion.

10) Puis **respirez profondément** et revenez à vous. Quand vous le sentirez, vous pouvez rouvrir les yeux.

Et si ça ne marche pas ?

La connexion animale, c'est comme le vélo ou la marche : on ne peut pas y arriver du premier coup, il est normal de recommencer encore et encore pour obtenir ses premiers résultats. À chaque nouvelle tentative, restez dans une attitude d'humilité : connectez-vous sans attente particulière mais avec une intention agréable, et beaucoup d'amour à transmettre. Persévérez, c'est la seule manière de réussir. Et aussi, prenez votre temps. Évitez d'aller trop vite et de sauter des étapes, en abordant dès la première séance des thématiques compliquées comme l'euthanasie, par exemple...

LES ENSEIGNEMENTS DE FRIEDRICH NIETZSCHE

Lisez cet extrait, et prenez le temps d'y réfléchir.

« En quelque coin écarté de l'univers répandu dans le flamboiement d'innombrables systèmes solaires, il y eut une fois une étoile sur laquelle des animaux intelligents inventèrent la connaissance. Ce fut la minute la plus arrogante et la plus mensongère de l'"histoire universelle » : mais ce ne fut qu'une minute. À peine quelques soupirs de la nature et l'étoile se congela, les animaux intelligents durent mourir. Telle est la fable que quelqu'un pourrait inventer, sans parvenir cependant à illustrer quelle exception lamentable, combien vague et fugitive, combien vaine et quelconque, l'intellect humain constitue au sein de la nature. Il y eut des éternités dans lesquelles il n'était pas ; et si de nouveau c'en est fait de lui, il ne se sera rien passé.

Car il n'y a pas pour cet intellect une mission plus vaste qui dépasserait la vie humaine. Il n'est qu'humain et il n'y a que son possesseur et producteur pour le prendre aussi pathétiquement que si les pivots du monde tournaient en lui. Mais si nous pouvions nous entendre avec la mouche, nous conviendrions qu'elle aussi évolue dans l'air avec le même pathos et sent voler en elle le centre de ce monde. »

Friedrich Nietzsche,
Le Livre du philosophe, Flammarion, 1969.

LES 3 IDÉES CLÉS DU CHAPITRE

◊ Les animaux nous aiment de manière inconditionnelle.

◊ En tant que gardiens, nous devons aussi développer autant que possible un amour humble et désintéressé, sans nourrir trop d'attentes vis-à-vis de notre animal.

◊ La connexion animale permet de créer de nouveaux liens, basés sur les besoins de l'animal et le respect de tous les êtres vivants.

COMMENT DÉCOUVRIR LA MISSION DE THÉRAPEUTE DE SON ANIMAL ?

« Nos animaux familiers sont des anges déguisés venus sur Terre pour nous apprendre la douceur. »

Simonetta Greggio

NAGEUSE, LA BOULE D'ÉNERGIE… ET DE COLÈRE !

En 2019, j'ai reçu l'appel de la femme de Jean-Marc, un éleveur de 55 ans, qui se plaint du comportement indésirable de sa chienne, Nageuse. Celle-ci saute partout et sur tout le monde, et elle détruit tout le matériel de la ferme. À force, Jean-Marc n'en peut plus, il a pris l'habitude de l'enfermer, à contrecœur, pour éviter les dégâts et d'importuner ses visiteurs.

Je me connecte donc à Nageuse et me laisse transporter dans son monde. Elle me montre immédiatement qu'elle entretient un lien d'amour fort avec son gardien actuel, mais celui-ci, bien qu'attaché à elle aussi, n'exprime pas ses sentiments pour elle et agit souvent avec violence. Nageuse ne le comprend pas toujours : pourquoi cette colère envers elle ? Sans lui en vouloir, elle se demande ce qu'elle ne fait pas bien. Nageuse me montre son gardien sur le point d'exploser. Elle voit une sorte de boule rouge près d'éclater et qui risque de tout emporter avec elle : une véritable bombe à retardement. Selon Nageuse, Jean-Marc ne supporte plus sa vie, à tous les niveaux. Mais il ne le manifeste pas, il garde toutes ses émotions, toute sa colère, à l'intérieur de lui.

En sautant partout, Nageuse exprime son enthousiasme et sa joie de vivre. Ce faisant, elle essaie de faire contrepoids pour compenser la dépression de son gardien, et le sortir de son cercle vicieux. C'est sa façon de lui dire : « Tu ne dis rien, alors moi, je révèle tous mes sentiments avec puissance, que ce soit la joie, la colère, je le fais avec force et vigueur. À nous deux, ça va se rééquilibrer. » De notre point de vue, on peut penser que ce n'est sûrement pas le meilleur moyen d'aider son gardien, mais Nageuse n'a trouvé que celui-là pour l'inciter à s'exprimer. Elle lui conseille : « Suis ton cœur et tes rêves, et surtout autorise-toi à vivre ta colère. Tu violentes ton corps à ne pas l'écouter. »

En détruisant tous les câbles et le matériel extérieur, Nageuse s'attaque aux outils de travail de Jean-Marc et lui montre que son métier ne le rend pas heureux, qu'il devrait en changer... Mais, au lieu d'être écoutée, la chienne est blâmée et punie pour les dégâts qu'elle provoque. Certes, son message n'est pas agréable à entendre, mais au final, n'est-il pas beau et aimant ?

J'ai eu peu de contact avec Jean-Marc par la suite, mais j'espère que les messages de Nageuse auront permis à son gardien d'aller vers un métier plus doux envers lui-même, sa chienne et le reste du vivant.

N'oublions pas que les animaux n'ont qu'un seul moyen d'expression : leur comportement. Si on écoute et que l'on entend leur message sous-jacent, ils arrêteront certainement de « mal agir ».

LE FABULEUX POUVOIR GUÉRISSEUR DES ANIMAUX

Les animaux peuvent aider les humains de multiples manières, notamment en soignant des troubles mentaux, physiques ou sociaux... Les bienfaits qu'ils nous apportent sont de plus en plus reconnus de par le monde.

La zoothérapie

Connaissez-vous la zoothérapie[1] ? Il s'agit de la thérapie assistée par un animal (pratiquée en groupe ou en individuel) qui a pour but d'accompagner et de soulager des patients rencontrant des maux divers. Il existe plusieurs branches : l'équithérapie avec le cheval, la cynothérapie avec le chien, la delphinothérapie avec le dauphin… Encadrées par un intervenant professionnel en médiation animale, les activités sont aussi diverses que variées (brossage, promenade…) et ont pour but d'aider le patient à exprimer ses émotions et à favoriser de meilleures relations sociales. Les premières thérapies assistées par les animaux sont nées dans les années 1950 d'un constat simple : les animaux, par leur simple présence, apaisent[2]. En effet, un psychiatre américain nommé Boris Levinson avait remarqué que la présence de son chien lors d'une séance dans son cabinet avait permis à un enfant autiste – qui refusait de s'exprimer et perdait tout contact avec autrui – d'enfin s'ouvrir à la parole. Il observa que son chien avait un rôle de « catalyseur social ». Il décida alors de faire de son chien son allié thérapeute à travers la *pet oriented child therapy* (« thérapie pour enfants accompagnée d'animaux »).

Vingt ans plus tard, en 1977, ces travaux ont été repris par deux psychiatres qui étudièrent cinquante patients atteints de différentes pathologies psychiatriques, eux aussi accompagnés d'un chien médiateur de leur choix. Les chercheurs notèrent une nette amélioration du comportement des patients suivis.

De nos jours, cette médiation animale, durant laquelle l'animal fait son travail de « médiateur » ou de « catalyseur social », aide les personnes qui en ont besoin à

1. www.cairn.info/eduquer-avec-les-animaux--9782100704446-page-11.htm
2. www.psychologue.net/articles/les-animaux-un-soutien-de-tous-les-jours

se sentir mieux, et à retrouver un lien avec le monde extérieur. Il y a par exemple un cheval nommé Payot[3], qui se balade dans les hôpitaux français pour aider les enfants, les personnes malades et les personnes âgées à se sentir mieux. Je vous invite d'ailleurs grandement à regarder les vidéos de Payot, qui me font pleurer à chaque fois.

Un antistress naturel

S'occuper d'un animal permettrait de réduire de manière significative l'impact du stress. En effet, après quelques minutes d'interaction avec un animal, le niveau de cortisol (hormone du stress) diminue et celui des endorphines, notamment la sérotonine et la dopamine (hormones du bien-être), augmente. Cette étude[4] a notamment été réalisée sur des étudiants en période de stress accru.

Un formidable liant social

La présence d'un animal permet aux personnes timides de s'ouvrir plus facilement aux autres. Je l'ai constaté de nombreuses fois : un chien permet notamment à de nombreuses personnes de rencontrer d'autres personnes, et de sortir ainsi de leur isolement. En effet, le chien, à l'inverse du chat, a besoin de se balader, et pousse ses gardiens à sortir de chez eux. Comme le chien est un être sociable, et que la plupart des gens baladent leurs chiens au même moment et aux mêmes endroits, cela favorise les rencontres entre humains. Au point que le journal *Le Monde*[5] a titré « La confrérie

---

3. https://lessabotsducœur.org/
4. https://journals.sagepub.com/doi/10.1177/2332858419852592
5. www.lemonde.fr/m-perso/article/2023/04/22/la-confrerie-des-promeneurs-de-chiens-le-vrai-reseau-social-c-est-pas-facebook-c-est-le-chien_6170567_4497916.html

des promeneurs de chiens : le vrai réseau social, c'est pas Facebook, c'est le chien » !

La thérapie assistée par un chien favoriserait aussi davantage de communication sociale et d'ouverture aux autres. Plusieurs études[6] menées sur des personnes présentant un trouble du spectre autistique montrent qu'elle tend à réduire leur stress, et à calmer leurs épisodes de dépression et d'anxiété sociale sous toutes ses formes (agoraphobie, par exemple).

Le développement de l'empathie de groupe

La présence d'animaux non humains aide grandement à développer notre empathie individuelle comme nous l'avons vu au chapitre 1, mais aussi celle liée à la dynamique de groupe. Ainsi, une étude[7] menée sur des élèves de CP a montré que la classe, qui avait un chien, a bénéficié en seulement trois mois d'une réduction importante du niveau d'agressivité, tout en développant la sensibilité aux autres et la capacité à se mettre à la place de ses camarades.

Enfin, la présence d'un animal favorise une meilleure concentration et même une meilleure santé physique et psychique. Les personnes vivant avec un animal consultent leur médecin 15 % de moins que les autres en moyenne, selon une étude australienne[8].

UN NOUVEAU SENS À MA VIE

Je vais maintenant vous parler un peu de moi. À une période difficile de ma vie, la connexion animale a été

---

6. https://pubmed.ncbi.nlm.nih.gov/30900194/
7. https://books.openedition.org/quae/35995?lang=fr
8. https://link.springer.com/article/10.1007/s11205-005-5072-z

le seul moyen de me sentir utile, et donc vivante. De manière générale, si ce que je vis et si mes actions n'ont pas de sens, je tombe dans un puits de tristesse. Je crois que ce qui me raccroche à la vie, c'est de lui trouver un sens, et de sentir que je fais ma part pour le bien de la communauté. Comme le font la plupart des animaux sociaux d'ailleurs : les abeilles, les fourmis...

Chaque jour, je permettais à des animaux d'être réellement écoutés et compris pour la première fois par leurs humains. Ce qui, bien souvent, entraînait un changement durable dans leur vie. Et ce résultat me rendait profondément heureuse. Ainsi, en plus d'être mon échappatoire, cette connexion me redonnait de l'espoir et me rendait plus forte de jour en jour.

Sans parler de l'accompagnement, et des conseils et messages bienveillants que les animaux me transmettaient. Ils sont magnifiques et guérissent profondément car ils nous permettent de nous voir au-delà des étiquettes et des frontières inter-espèces. À cette époque-là, les animaux étaient les seuls à ne pas me voir comme « quelqu'un de malade », mais comme une humaine, avec plein d'autres aspects, couleurs ou facettes. Et ce regard change tout.

La connexion m'a permis d'aller plus loin, de réfléchir à notre rapport au vivant autrement, de me rendre compte du déséquilibre, du manque d'écoute et de respect profond que l'on entretient avec le reste du vivant. De réaliser la barrière qui nous sépare, toute cette histoire d'exploitation des corps. Car le concept de l'animal-machine, cette théorie de Descartes (1596-1650) façonne encore aujourd'hui notre rapport aux autres animaux, et la manière dont on les utilise dans les domaines de la science et de l'alimentation. Selon le penseur du XVIIe siècle, les animaux ne fonctionnent que par réflexe, liés à des stimuli extérieurs. Ainsi, les animaux n'auraient ni émotions ni ressentis, ils ne seraient que des sortes de « robots » ou, pour reprendre ses termes, des « machines ». Si la théorie cartésienne est encore si présente aujourd'hui, c'est qu'elle arrange bien tout le monde : puisque ne pas reconnaître les émotions et la souffrance des animaux, c'est aussi pouvoir les utiliser, les exploiter et les maltraiter sans avoir aucun problème de conscience.

Or, lorsqu'on découvre la beauté des animaux, notre vision et notre rapport à eux changent. Et c'est exactement ce que je souhaite de tout mon cœur : que les humains comprennent comme les animaux sont bien plus grands que ce que l'on a toujours appris.

LES ANIMAUX, REFLET DES MAUX DE LEURS GARDIENS

Les communications animales que j'ai réalisées au sein de différentes familles m'ont montré à quel point les animaux sont de véritables thérapeutes familiaux. Leurs « problématiques » (comportements inappropriés, anxiété, agressivité…) mettent parfois en lumière « un dysfonctionnement » au sein de la cellule familiale. Ou plutôt un manque de compréhension, d'écoute, ou de respect mutuel. Se pencher sur les messages cachés derrière les agissements animaliers qui posent problème permet de créer une nouvelle dynamique au sein de la famille. En effet, l'animal, conscient de ce qui se joue dans son cercle de proches, envoie des messages. À nous d'apprendre à les décoder et d'entamer un travail sur nous, ou entre nous. Entre les animaux qui font du bruit pour couvrir le vacarme ambiant, ceux qui détruisent tout pour s'exprimer, ceux qui se couchent sur l'ordinateur pour dire « stop, tu travailles trop », etc., les animaux domestiques ont beaucoup à raconter… sur les humains.

Effet mimétique et caractères identiques

Outre la ressemblance physique entre l'humain et son chien (dont nous avons déjà parlé), il n'est pas rare de retrouver les mêmes maux entre les deux. À gardien stressé, chien stressé. L'animal ressent l'état anxieux de son référent humain et agit par mimétisme, développant les mêmes symptômes. Soigner l'un, c'est ainsi faire du bien à l'autre, puisque des ponts inconscients existent entre les deux. En dehors du stress, l'animal peut exprimer un trop-plein de tristesse (suite à une disparition d'un proche ou d'un autre animal de la famille), de l'agressivité (face à un manque d'autoprotection de l'humain référent, d'un manque d'expression des émotions de la part du gardien)... Je vous invite donc à analyser de près le caractère et les « travers » de votre animal afin de décrypter ce que vous pouvez changer... chez vous.

Bien sûr, la connexion animale vous permettra d'encore mieux comprendre ce mécanisme. Je vous ai déjà parlé du cas de la jument Lotus qui, à travers son comportement agressif, pensait protéger sa gardienne hypersensible (voir page 109). Toujours dans le monde équin, j'ai un autre exemple en tête. Celui d'une autre jument, Marguerite, qui, lors des balades, faisait toujours violemment demi-tour sans raison apparente. En fait, elle ne faisait qu'exprimer les volte-face et l'indécision de sa gardienne dans sa vie de femme. Une fois que celle-ci a cessé de faire des allers-retours dans son passé et a gardé le cap sans plus tergiverser, la jument, elle aussi, a accepté d'avancer sans rechigner. Mais sans la connexion animale, nous n'aurions pas compris son message, c'était un réel cadeau de compréhension mutuelle. Et parfois, simplement être là pour écouter et considérer les animaux, être en quelque sorte une thérapeute pour eux, peut être très apprécié. Lorsque je faisais des connexions animales, j'offrais une oreille attentive et empathique aux animaux. Un moment d'écoute précieux pour eux.

Parfois, j'avais l'impression d'être un petit peu leur psychologue, de les écouter me raconter leurs angoisses, leurs peurs, leurs traumatismes, et leur offrir la chaleur de l'écoute, et des solutions pour qu'ils aillent mieux. En effet, les connexions permettent d'obtenir des réponses immédiates de la part de l'animal qui apprécie d'autant plus d'être pris au sérieux et écouté.

Si je m'investis autant dans la connexion animale, c'est que moi-même, j'ai souvent eu l'impression au cours de ma vie de ne pas être écoutée, d'être différente, et de me sentir vraiment seule. Ce que je veux absolument éviter pour mes amis, humains et non humains. La connexion animale est une bonne ressource pour écouter et comprendre, et ainsi redonner leur dignité à ces êtres merveilleux. C'est un outil inestimable.

Fort pouvoir de consolation

Il y a quelques années, on a beaucoup parlé de la ronronthérapie, ou de la capacité naturelle des chats à nous apaiser au quotidien. Leur secret ? La basse fréquence de leurs ronrons aurait le don de faire baisser notre propre niveau de stress (voir les différentes fréquences d'ondes page 22).

J'ai aussi remarqué une autre capacité des animaux lors de mes connexions : leur ancrage dans le moment présent, l'ici et maintenant. Ils ne ressassent pas le passé, n'anticipent pas l'avenir, ils vivent tout simplement ce qui est. D'ailleurs, fait notable, les animaux sauvages régulent leur nerf vague en tremblant, et évacuent ainsi leur stress, ce qui fait qu'ils sont généralement moins traumatisés. Or, les animaux « domestiqués », eux, tendent à perdre ce détachement naturel lié à leur espèce et à développer, comme les humains, des traumatismes, qui vont avoir un impact considérable sur leur vie (voir le stress post-traumatique des animaux page 141).

Le « soin » énergétique

Si les animaux peuvent être nos thérapeutes, nous pouvons aussi, en tant qu'humains, leur prodiguer des soins énergétiques. C'est-à-dire leur transmettre, avec apposition des mains ou simplement par la pensée, de l'énergie. Ce partage inspiré des techniques du magnétisme ne requiert aucune formation particulière et permet deux choses :

- renforcer notre lien avec nos animaux ;

- leur apporter un peu de soulagement et un souffle de bien-être potentiel.

L'idée est de les apaiser, mais surtout de créer du lien ensemble. N'attendons rien de miraculeux, ni que cela fasse l'effet d'une guérison ou d'un soin réel. Ce côté plaisir et détente ne doit en aucun cas remplacer l'avis d'un vétérinaire en cas de besoin.

LA CONNEXION PEUT-ELLE ÊTRE À DOUBLE SENS ?

Dans ce livre, nous parlons essentiellement de connexions avec les animaux initiées par les humains. Mais les animaux ressentent-ils notre présence ? Peuvent-ils, eux aussi, se connecter à nous ?

La prémonition du retour des gardiens

Il existe un seul scientifique, à ma connaissance, qui a étudié et écrit sur le phénomène de connexion intuitive entre les humains et les autres animaux. Il s'agit du Britannique, chercheur en biochimie, physiologie et paraphysiologie, Rupert Sheldrake[9]. Il a mené une étude très intéressante en observant et recueillant des

9. Rupert Sheldrake, *Le Pouvoir inexpliqué des animaux*, J'ai Lu, 2005.

témoignages auprès de différentes familles, qui vivaient avec des animaux d'espèces différentes (des chats, des chiens, des perroquets mais aussi des chevaux, des poussins, des cochons…), afin de savoir si ces derniers étaient connectés à leur gardien.

Nous sommes nombreux à avoir remarqué que notre animal ressentait notre arrivée et nous attendait derrière la porte. C'est sur ce fait non encore objectivé que le scientifique s'est basé pour son expérience. Les participants sont rentrés à des heures inhabituelles, par des moyens différents (à vélo, à pied…), sans émettre le moindre son de voix, sans faire de bruit… Étonnamment, quelques minutes avant l'arrivée de leur gardien, les animaux se dirigeaient instinctivement vers la porte.

La seule hypothèse pour expliquer ce phénomène ? Le champ « morphogénétique » qui unirait les animaux d'un même groupe entre eux et leur permettrait de ressentir la présence de leur gardien. C'est ce que l'on pourrait appeler autrement un « inconscient collectif » (et non pas une âme collective !) reliant les individus appartenant à la même famille.

L'expérience est allée plus loin et a englobé les humains partis en vacances à durée indéterminée. Là aussi, le chien attendait ses gardiens devant la porte dix minutes avant leur arrivée effective alors qu'ils avaient officiellement prévu de revenir trois jours plus tard. Cette expérience a été répétée avec des chevaux et des perroquets, avec les mêmes résultats.

Mais les expériences de connexion animaux-humains vont encore plus loin. On découvre ainsi que des chiens retrouvent le chemin de leur maison alors qu'ils sont à des kilomètres de chez eux, ou que certains animaux hurlent au moment du décès de leur humain, même à distance de lui. J'ai ressenti, dans le cas de connexion avec des animaux perdus, que ceux-ci savaient parfaitement où aller. Instinctivement, ils se dirigeaient vers une nouvelle maison et attendaient sagement devant la porte qu'on leur ouvre et les adopte…

La prescience de l'imminence d'une catastrophe

De même, le chercheur a remarqué que toutes les espèces animales sentent une catastrophe arriver et réagissent avant que quoi que ce soit ne se passe. Par exemple, en Turquie, en 1999, des chiens se sont mis à hurler quatre heures avant le tsunami et les oiseaux sont partis le plus loin possible de la mer. Toujours en 1999, en Autriche, alors qu'une avalanche a tué douze personnes, les chamois étaient descendus de la montagne la veille, ce qu'ils ne faisaient jamais. Ou encore en 2004 en Indonésie, des éléphants srilankais se sont mis à hurler sans que rien puisse les calmer ni les arrêter. Ils ont ensuite fui… suivis de près par de nombreux humains qui ont, grâce à eux, évité le tsunami et échappé à la mort. C'est quelque chose de récurrent avec les catastrophes : les animaux les pressentent.

Vous avez peut-être déjà remarqué que les animaux sentent également la souffrance et les douleurs. Il n'est pas rare qu'un chat, par exemple, se couche pile à l'endroit où on a mal, ou soit plus présent en cas de coup de tristesse.

Ce même chercheur a aussi beaucoup travaillé avec un perroquet auquel on avait appris de nombreux mots de vocabulaire. Il a demandé à son humaine de regarder des images alors que le perroquet était dans une autre pièce. En parallèle, le perroquet devait prononcer un mot à chaque nouvelle image. Le nombre de mots en lien avec ce que sa gardienne voyait en parallèle était simplement hallucinant. Cette expérience a été répétée de nombreuses fois et le chercheur a ainsi écarté la possibilité de hasard. C'est donc la preuve d'une connexion inter-espèces.

Le concept Magic Animal Farm

Quand j'étais petite, je rêvais d'aller à l'école des animaux. Je n'aimais pas l'école des humains. Je me souviens d'avoir, à 7 ans, inventé une histoire, qui était mon rêve : je n'allais pas à l'école, à la place, tous les matins, j'allais voir mes chevaux, et ce sont eux qui me donnaient des cours. Je pense toujours que le monde serait beaucoup plus doux si c'était le cas.

Quelques années plus tard, j'ai pu réaliser mon rêve : réunir dans un même lieu des facilitateurs en connexion et des animaux aussi divers que variés (des poules, des cochons, des moutons) avec des hommes et des femmes qui souhaitent faire un pas vers ce nouveau monde. Une ferme nouvelle portée par une envie de transmission, d'éducation et de partage avec eux. Ces bulles représentent mon monde idéal. À l'intérieur, tous les besoins des animaux présents sont respectés. On profite de cet espace pour récupérer des animaux sauvés des élevages aux conditions de vie indignes, qui sont passés près de la mort.

Les animaux qui le souhaitent peuvent offrir un moment de partage et de soutien à des humains qui viennent les voir. C'est toujours l'animal qui décide et qui guide cette séance. Les facilitateurs sont là pour faire le lien entre les animaux et les humains. Ces espaces apportent beaucoup de douceur et un nouveau regard sur le monde animal, en plus de permettre aux humains de s'apaiser et de partager un moment précieux avec un individu d'une espèce que l'on connaît mal[10].

---

10. Pour en savoir plus et connaître le programme : https://lecole-des-animaux.com/magic-animal-farm-2/

JE TE VOIS... VRAIMENT

Mon ami le renard avait l'habitude de me dire « Je te vois ». Je recevais toujours cette simple phrase comme un message d'amour à la fois hyper doux et hyper fort, car il me donnait la sensation profonde d'être vue et reconnue dans tout mon être.

Dans la rue, quand vous croisez un chien par exemple, n'hésitez pas à le regarder et à lui envoyer ce même message : « Je te vois. » C'est ce que je fais à chaque fois, et je peux vous dire que les animaux sont aussi surpris que ravis d'exister aux yeux d'un inconnu. Ce regard en profondeur crée quelque chose de fort entre eux et nous. Vous pouvez aussi le faire avec des oiseaux, des chats, ou tout autre animal que vous croisez.

Mon conseil : si, pour les enfants, la connexion animale est si évidente, faisons donc appel à notre âme d'enfant : l'aspect de nous qui joue et ne se prend pas la tête pour avancer sur le chemin de la connexion.

Voici quelques pistes pour retrouver son âme d'enfant :

- se demander « à quoi je rêvais enfant ? ». Au besoin, prendre un stylo et noter de façon intuitive ce qui nous revient en tête ;
- renouer avec une expression corporelle qui nous fait nous sentir bien (danser, chanter...) ;
- s'amuser sans avoir peur du regard des autres. Par exemple, aller barboter sous la pluie, reprendre des activités de coloriage, refaire une activité manuelle ;
- prendre du temps pour rêvasser, on se laisse ainsi un espace de liberté où on s'autorise à faire sauter les barrières.

LE STRESS POST-TRAUMATIQUE DES ANIMAUX

Les animaux – surtout ceux dits « domestiques » – peuvent être sujets à du stress post-traumatique. Plusieurs études[11] ont été menées sur le sujet : par exemple, celle de la Western University d'Ontario, au Canada, a révélé qu'une frayeur ressentie par un animal face à un prédateur pouvait affecter durablement son cerveau et occasionner un état de stress post-traumatique. Les chercheurs ont également montré que toutes les proies, après avoir été attaquées par un prédateur, vont être affectées et continuer de réagir au stress, même lorsque la menace n'est plus présente. Les animaux réagissent à ce qu'ils ont vécu car leur cerveau a intégré la peur intense liée à cette expérience.

Les animaux « de compagnie » vivent des épreuves similaires, et parfois ils peuvent même avoir vécu des expériences extrêmement difficiles dans leur passé (maltraitance, abandon, séparation avec leur maman…), et cela restera gravé en eux. Connaître l'origine, la source de leur réaction de stress post-traumatique nous permet de les comprendre davantage et donc de vraiment les aider. Pour ça nous n'avons pas besoin de leur parler, ni de leur demander, mais l'information est toujours stockée en eux : on peut alors aller la chercher lors d'une connexion.

Les cochons enfermés peuvent aussi en vivre par exemple, c'est ce que l'on appelle le « syndrome du stress porcin ». L'un des symptômes du SSP est la caudophagie, autrement dit le fait pour les cochons de dévorer les petites queues en tire-bouchon de leurs congénères.

Prenons un autre exemple. Empi est un cheval que nous avions recueilli après sa carrière en courses hippiques. Comme tous les chevaux de course, il a subi un traitement

11. https://mediarelations.uwo.ca/2019/08/07/ptsd-animals/

de soumission : élevé dans un box, monté très très jeune (sans avoir fini sa croissance), tapé et dressé à obéir…

Quand nous l'avons recueilli, à l'âge de 3 ans, il était au début très doux et gentil, puis, du jour au lendemain, il a commencé à être très violent, à nous « taper » avec ses membres arrière, à mordre… Lorsque, en connexion, je lui ai demandé les raisons de ce changement brutal : lui-même n'en savait rien et ne comprenait pas pourquoi il réagissait ainsi. Il se sentait mal mais il ne comprenait pas l'origine de ce mal-être. Alors, je suis allée chercher l'information dans son passé. J'ai vu qu'il avait été tapé de nombreuses fois par un homme muni d'une fourche lorsqu'il rentrait dans son box. Qu'il avait été dopé très souvent et toujours contre son gré. Que les courses et la vitesse lui faisaient peur, mais qu'il n'avait pas d'autre choix. Qu'il avait même vu un cheval mourir sur la piste sans rien pouvoir y faire. Son ancienne vie l'avait traumatisé, mais il ne comprenait pas pourquoi il réagissait ainsi, d'autant qu'il ne se souvenait de rien.

Comme nous, les animaux peuvent oublier des souvenirs traumatisants, par un mécanisme que l'on appelle « amnésie dissociative » : l'évènement est tellement douloureux que notre conscient le supprime. Ces évènements ont eu des impacts immenses sur la vie d'Empi. Après avoir cherché à le comprendre et à l'écouter, avec respect, sans lui en vouloir de réagir ainsi après des années, ce cheval va mieux, il vit au pré et il est heureux.

COMPRENDRE LE PASSÉ D'UN ANIMAL

Afin de me connecter au passé d'un animal, je visualise la frise chronologique que nous connaissons tous : à gauche le passé, à droite le futur, et entre les deux, l'instant présent. Quand je vais chercher des informations sur la vie passée d'un animal, je me concentre sur la partie gauche de sa frise. C'est ma façon de faire, vous pouvez l'essayer et l'adopter, ou trouver une autre représentation des trois temporalités qui fonctionne mieux pour vous.

1) Rappel de l'entrée en connexion : respirez profondément, connectez-vous à l'animal de votre choix, demandez-lui s'il est d'accord pour faire cette connexion, laissez-le d'abord vous amener dans son monde et voir ce qu'il veut vous transmettre ou s'il a un message à vous faire passer (pour plus de détails, voir les premières connexions du livre).

2) Après cette partie préliminaire essentielle, demandez à l'animal de vous montrer un moment de son passé qu'il a envie de partager. À noter : en pensées, cela m'amène naturellement vers la gauche (comme si j'étais aspirée vers la gauche de la frise chronologique). Une fois projeté dans son passé, concentrez-vous sur ce que vous voyez, sentez, ressentez... quelles sont les émotions dominantes ?

3) Demandez ensuite à votre animal les raisons de son choix : pourquoi a-t-il décidé de partager avec vous ce moment-là précisément ? Que veut-il vous dire ?

4) Vous pouvez également lui demander quelles actions concrètes mettre en place pour qu'il se sente mieux à présent. Voici quelques exemples de réponses qui ont été données lors de connexions : lui expliquer, lorsque l'on part, même quelques minutes, et lui indiquer une heure de retour afin qu'il ne se sente pas rejeté. Décider de se balader à une heure où il y a moins de chiens si par exemple il a peur...

5) À la fin de la connexion, n'oubliez pas de remercier l'animal pour ce partage.

Il est tout à fait possible de réitérer ces voyages dans le passé, lors d'autres connexions. Ce sont autant d'occasions pour vous de découvrir les moments forts, aussi bien joyeux que tristes, que votre animal a traversés.

À noter : cet exercice est d'autant plus intéressant au début d'une relation avec un animal adopté en refuge, dont vous ne connaissez pas le passé.

LES ENSEIGNEMENTS DE JANE GOODALL

Lisez cet extrait, et prenez le temps pour réfléchir.

« Il est de plus en plus clair – et la science d'aujourd'hui vient parfaitement le corroborer – que les animaux peuvent avoir une action très thérapeutique, très curative. Ils contribuent largement à faire baisser l'hypertension, à atténuer le comportement antisocial des prisonniers et à aider les enfants qui ont du mal à apprendre à lire. Les personnes âgées qui se sentent seules ou inutiles peuvent échapper à la dépression si elles partagent leur vie avec un chat ou un chien qu'elles chérissent. Ce n'est pas seulement parce que les animaux sont tendres, que leur pelage est doux et qu'ils sont chaleureux. C'est parce que ces animaux médecins semblent avoir de la compassion pour les humains qu'ils côtoient, qu'ils semblent les aimer et comprendre leurs besoins. En d'autres termes, ces animaux sont bien loin de n'être que des objets agissant sous l'effet d'un stimulus et d'une réaction. Un automate empaillé, même s'il est habilement construit, même s'il est parfaitement ressemblant, ne remplacera jamais un animal vivant, sensible et affectueux.

Plus les gens comprendront que les animaux – spécialement les mammifères doués d'un cerveau complexe – ont une vie affective développée et, surtout, qu'ils sont sujets à la souffrance aussi bien mentale que physique, plus vite nous pourrons réformer les abus dont des millions d'animaux font l'objet. En réalité, la plupart des gens n'ont aucune idée de ce qui se passe dans les laboratoires de recherche médicale. Ils ne savent pas – et ne veulent pas savoir – comment des milliards d'animaux sont élevés dans les espaces puants, insalubres et incroyablement exigus des fermes industrielles. Ils ne comprennent pas non plus la cruauté qu'implique le dressage pour le cirque et les autres formes de spectacles. Malheureusement, tant que certains scientifiques continueront à soutenir (du moins dans leur vie professionnelle) l'opinion erronée selon laquelle les animaux non humains ne sont que des choses, leurs démarches permettra d'excuser ce comportement inhumain. »

Jane Goodall,
avant-propos du livre de Marc Bekoff,
Les Émotions des animaux, Rivages poche, 2018.

LES 3 IDÉES CLÉS DU CHAPITRE

- ◊ Les animaux détiennent un pouvoir guérisseur indéniable et peuvent aider les humains dans de nombreux domaines (santé mentale, troubles physiques et sociaux...).
- ◊ Par leur comportement, ils révèlent certains maux de leurs gardiens et les incitent à les soigner.
- ◊ Grâce à la connexion animale, humains et animaux peuvent s'entraider pour surmonter leurs traumatismes respectifs.

COMMENT SE CONNECTER AUX ANIMAUX SAUVAGES ?

« On n'a pas deux cœurs, un pour les animaux et un pour les humains. On a un cœur ou on n'en a pas. »

Alphonse de Lamartine

LE CHEVREUIL ET LE RENARD

Vous connaissez mon histoire d'amitié avec le renard, que je vous ai racontée dans le chapitre 1.

Un jour, alors que nous nous promenions dans la forêt, mon ami m'a dit : « Viens, je t'emmène rencontrer un joli chevreuil, un être de lumière. » Instinctivement, je l'ai suivi... Il a disparu un instant dans les broussailles. J'ai ensuite tourné la tête. C'est à ce moment-là que j'ai vu sur une colline proche, sous le soleil pourpre couchant, un magnifique chevreuil qui me regardait. J'étais subjuguée... J'ai ressenti beaucoup de joie sur l'instant, une joie profonde qui a perduré dans le temps, et qui m'envahit encore quand j'y repense.

Ce chevreuil, je ne l'ai jamais revu, mais son apparition sur l'invitation de mon renard a été un moment magique.

Cette image magnifique, quasi irréelle, reste aujourd'hui gravée dans ma mémoire. Le chevreuil lumineux m'a procuré aussi beaucoup d'espoir dans l'amitié possible entre les espèces, dans la connexion entre humains et animaux.

UNE CLASSIFICATION À REVOIR

Qu'on le veuille ou non, nous avons une vision bien particulière du règne animal, et les stéréotypes ont la vie dure. Et si nous remettions en cause cette hiérarchie préétablie ?

Une question de place dans le vivant

Les chevreuils mais aussi les léopards, les serpents, les corbeaux, les mésanges... Les animaux sauvages sont légion. Se connecter avec eux nous permet, encore une fois, de prendre conscience de notre juste place dans le monde des vivants. Ni mieux ni au-dessus... juste à côté d'eux.

Les avantages d'une connexion avec le monde sauvage sont nombreux :

- ◊ s'informer sur leurs conditions de vie extrêmes qui peuvent être chamboulées par l'activité des humains (par exemple, la déforestation, la construction d'espaces pour les humains...) ;
- ◊ se responsabiliser sur l'impact des actions de nos congénères sur leur qualité de vie ;
- ◊ comprendre que, dans le règne du vivant, il existe différents mondes qui vivent en parallèle ;
- ◊ se faire des amis d'espèces différentes, et ainsi étendre nos considérations ;
- ◊ découvrir des modes de vie éloignés du nôtre et ouvrir nos horizons.

Les animaux ont-ils une âme collective ?

Vous avez sans doute déjà entendu dire que les animaux (en dehors des loups, des chiens et des chats) n'ont pas d'âme individuelle, mais une âme de groupe uniquement.

Or, la science nous dit bien l'inverse. Des études[1] ont par exemple été menées sur les moutons, considérés comme des êtres tous similaires, sans individualité, et qui se suivent bêtement – d'où l'expression « être un mouton ». L'étude nous montre que c'est tout le contraire : ils ont bien chacun une personnalité unique et une réaction différente face à diverses situations. En plus d'être en mesure de reconnaître les visages de leurs pairs et des humains sur des photos. Le fait de se suivre et de vivre ensemble est simplement leur manière de se protéger et de prendre soin les uns des autres.

Évidemment, si l'homme a une âme – et j'utiliserais plutôt le terme « énergie » car le terme « âme » est trop connoté – alors chaque individu d'une espèce animale en a une aussi. D'où vient cette idée que les animaux auraient seulement une âme collective ? Du fait que ces animaux sont grégaires, ils vivent en groupe, et ne peuvent pas en être séparés : ces individus sociaux vivent toujours ensemble. C'est vrai.

Un saumon vit en banc et n'est jamais seul, un étourneau non plus. Leur vol groupé et symétrique souligne une connexion très subtile entre eux, qui leur permet d'aller à la même vitesse, tout en conservant leur place attribuée. Cela n'enlève pourtant rien à leur individualité, au contraire. Cela nous montre juste qu'un autre mode de vie, d'autres besoins et une force de communauté extrêmement forte sont possibles. Je trouve ça très inspirant, dans un monde où nous évoluons séparés les uns des autres et où chacun peut se sentir très seul. En tant qu'humain, on peut avoir appris à être

1. www.psychologytoday.com/us/blog/animal-emotions/201905/why-sheep-matter-theyre-intelligent-emotional-and-unique et www.wellbeingintlstudiesrepository.org/cgi/viewcontent.cgi?article=1374&context=animsen

individualiste, et ainsi perdre cette capacité à évoluer en groupe, à prendre soin des autres.

Mieux apprendre à les connaître

Allons à la rencontre des animaux dits « sauvages ». Se connecter à eux, c'est, comme pour les autres animaux, s'inviter dans leur monde. Découvrir leur mode de vie, leurs difficultés, leurs joies et leurs tracas. Je repense par exemple à mes connexions avec les koalas d'Australie au moment des grands feux de brousse qui ont ravagé cette partie du monde en 2019 et 2020... Je ne savais pas quoi faire pour les aider, et ces connexions m'ont juste permis de leur prêter une écoute attentive et de mieux comprendre la situation et les réels enjeux du réchauffement climatique. C'est terrorisant de sentir ce qu'ils ressentent, et c'est de notre responsabilité de faire en sorte que cela change.

IDÉE REÇUE

« Une connexion dure forcément longtemps. » C'est faux.

Une connexion dure généralement quelques minutes, même si le temps peut paraître beaucoup plus long quand on est connecté. Certaines connexions peuvent atteindre une dizaine de minutes et, de manière exceptionnelle, une heure. Cela varie en fonction du temps que l'on a et des choix que l'on fait.

Sans frontières

L'Australie, mais aussi l'Afrique ou l'Amérique du Sud... La connexion animale n'est pas limitée par les frontières et la distance physique. Elle offre ainsi une chance inouïe de pouvoir converser avec un koala d'Australie, une panthère de Mongolie, un éléphant d'Afrique, ou encore un vanneau du Chili. À chaque fois, c'est un nouveau monde, de nouveaux codes et une merveilleuse diversité qui s'offrent à nous. C'est extrêmement enrichissant d'un point de vue personnel. Cela nous permet à la fois de ressentir et de comprendre l'impact de nos décisions dans un ailleurs qui pourrait nous paraître lointain.

> **Depuis ma formation, je vois les animaux comme mes amis, des êtres à part entière.**
>
> **Témoignage d'Inès**

DE NOUVELLES PERSPECTIVES

La connexion animale nous invite à reconsidérer totalement chaque espèce, à nous débarrasser de tous les *a priori* et de tous les mythes que notre culture colporte depuis la nuit des temps…

Des gentils et des méchants ?

La connexion avec des animaux sauvages permet aussi de converser avec des êtres qui traînent une mauvaise réputation, ou provoquent une peur déraisonnée, comme les requins par exemple (merci au film *Les Dents de la mer* !). Ou encore les animaux à phobies (araignées, serpents…). Là aussi, on peut mieux comprendre leur univers et leur questionnement… et sans doute remettre en cause notre façon de penser et de les envisager, ainsi que tout l'inconscient qui leur est attaché.

Les connexions improbables

On a tendance à les oublier, mais vous pouvez vous connecter avec des beaucoup plus petits que vous, comme des tiques de lit, des araignées ou encore des fourmis ou des moustiques. Souvent considérées comme des nuisibles, ces petites bêtes ont tout autant de légitimité que nous de vivre. La connexion permet ainsi de trouver un compromis satisfaisant avec elles pour les faire partir par exemple ou leur demander de ne pas vous piquer. Si vous voulez essayer, procédez comme pour une connexion classique : respiration, intention et demande précise. Par exemple, si on souhaite leur demander de partir, on peut d'abord leur demander la raison de leur présence ici. Et ensuite, leur demander si elles peuvent partir car leur présence nous incommode. Il m'est arrivé plusieurs fois de négocier avec des animaux comme des fourmis qui étaient dans « ma maison ». Dans cette situation, je ne vais pas leur dire de partir. Je vais voir avec elles si elles peuvent aller ailleurs, en leur expliquant que leur présence ici nous pose problème, mais en leur trouvant aussi un autre endroit où elles pourraient aller et se sentir bien. L'idée est toujours que tout le monde y gagne.

Autant que possible, essayons de les mettre dehors et de ne pas les tuer. Ils ne nous ont rien fait et, sûrement, tout comme nous, ils souhaitent vivre !

L'exemple édifiant des poissons

Le terme « poisson », aussi bien que le terme « animal », ne veulent pas dire grand-chose tant ils renvoient à une immense diversité d'individus. Et sachant que notre Terre est faite, tout comme le corps humain, de plus de 70 % d'eau, on ne peut qu'imaginer le nombre d'espèces inconnues qui peuplent ses abysses. Un requin est aussi un poisson, certes assez gros et imposant, mais il appartient, autant qu'un poisson clown, à cette catégorie...

Malgré tout ce que l'on peut croire, les poissons sont des êtres sentients. Le test du miroir[2], très courant en éthologie, permet de savoir si les animaux ont une conscience de soi. Le chercheur injecte de la silicone dans le corps des poissons. Devant le miroir, découvrant cette bosse, ils se grattent au sol pour essayer de l'enlever. Non seulement ils se reconnaissent dans le miroir, mais ils remarquent aussi cette anomalie corporelle. Eh bien, le labre nettoyeur, par exemple, le réussit haut la main, beaucoup mieux que la plupart des espèces d'ailleurs.

En plus du miroir, les chercheurs ont démontré que les poissons pouvaient se reconnaître... sur une photo. Mais ce n'est pas tout. J'ai été très étonnée d'apprendre que les poissons savent faire des calculs[3]. Ils savent se repérer spatialement, se souviennent du chemin qu'ils ont emprunté, et ce, sur des centaines de kilomètres. Ils possèdent aussi des nocicepteurs (récepteurs sensoriels de la douleur) qui leur permettent de chercher à éviter cette sensation désagréable.

En bref, les poissons ont des capacités cognitives égales ou supérieures à celles de certains vertébrés.

---

2. www.biorxiv.org/content/10.1101/397067v1
3. www.nature.com/articles/s41598-022-07552-2

IDÉE REÇUE

« L'animal a une mémoire de quelques secondes. » C'est faux.

Il y a de nombreuses études scientifiques[4] qui prouvent que les différentes espèces ont de la mémoire. Même les poissons rouges, qui retrouvent leur chemin sans problème alors qu'ils ne l'ont emprunté qu'une fois ! Le mythe de la mémoire du poisson rouge est bien une invention. Certainement une histoire que l'on se raconte pour accepter de le voir tourner en rond dans son bocal… Les autres espèces aussi se souviennent de ce qui vient d'arriver, et même de ce qui est arrivé plus tôt dans leur vie.

Ce n'est plus un scoop que les animaux terrestres ressentent des émotions complexes et de la souffrance. Ils l'expriment à leur manière : certains chevaux, dans leur box, développent le « tic de l'ours » (en se balançant de droite à gauche à longueur de journée) ou encore le « tic à l'appui » en cas d'ennui (en mangeant leur porte et en avalant de l'air). Quant aux animaux des zoos, comme les tigres par exemple, ils tournent en rond frénétiquement.

Mais les poissons ? Un chercheur[5] s'est penché sur la question et a mené une étude prouvant qu'ils peuvent être eux aussi en dépression. Dans un élevage aquacole, il a relevé que 33 % des saumons ne grossissaient pas et mouraient prématurément. Il s'est alors rendu compte que ces poissons avaient les symptômes physiologiques de la dépression, au même titre que les autres mammifères,

4. https://ici.exploratv.ca/blogue/poisson-rouge-memoire-mythe-realite/ et https://trustmyscience.com/memoire-environnement-navigation-poisson-rouge/
5. https://royalsocietypublishing.org/doi/10.1098/rsos.160030

comme un niveau de cortisol (l'hormone du stress) excessivement élevé. Cette étude remet en question tous les préjugés que l'on peut avoir sur les poissons.

De plus, les poissons ont même des sens que nous n'avons pas, ils peuvent voir à travers les plantes et le sol grâce à leur courant électrique. On peut alors facilement imaginer qu'ils ressentent des émotions que nous ne ressentons pas.

Enfin, les poissons font aussi preuve d'altruisme réciproque. En effet, l'un va monter la garde pendant que l'autre mange, et le second va faire de même pour le premier. Un dernier exemple édifiant : le mérou recrute des poissons d'autres espèces pour l'aider à chasser en mettant en place une communication inter-espèce, ce qui est extrêmement rare.

Les poissons sont donc bien des êtres sentients[6], ressentant des émotions et de la douleur, avec une mémoire importante, contrairement à ce que l'on peut croire. Tout cela devrait nous inciter à les respecter.

Némo, le poisson transparent

Une connexion avec un poisson dans un bocal m'a marquée. Elle m'a permis de voir combien il comprenait son environnement, mais aussi comment les humains l'ignoraient totalement. Il était là, sans pour autant exister. À force, lui-même commençait à douter de son existence réelle : était-il vraiment vivant ? Ressentait-il vraiment des émotions ? Existait-il ? À force d'être renié, privé de liberté et vu comme un objet de décoration, il finissait par douter de son identité propre. Et pourtant, il m'expliquait avoir tant de choses à partager, tant de conseils qui auraient pu aider, il connaissait les émotions, les pensées, mais

6. https://pubmed.ncbi.nlm.nih.gov/25833131/

aussi les faits et les gestes de chaque membre de la famille, et si on l'avait écouté ne serait-ce qu'un instant, il aurait pu partager des anecdotes sur chacun et leur donner des conseils.

J'ai lu récemment une histoire d'amitié entre un humain et un poisson appelé « labre à tête de mouton ». Ce dernier revenait voir l'homme à chaque fois qu'il plongeait... depuis vingt-cinq ans[7] ! Cela me rappelle cette autre amitié inter-espèce entre un octopus et un humain, qui est tout aussi magnifique. La plupart des études en psychologie sociale montrent que mieux connaître les individus d'un « autre groupe » que le sien permettrait de moins les discriminer. C'est ce que l'on peut souhaiter aux merveilleux habitants du monde sous-marin.

Les poissons ont beaucoup de choses à nous apprendre. Voilà ce que Montaigne en dit dans *Les Essais* : « Dans la façon de vivre des thons, on remarque une singulière connaissance des trois parties de la mathématique : ils enseignent à l'homme l'astronomie car ils s'arrêtent là où le solstice d'hiver les surprend, et n'en bougent plus jusqu'à l'équinoxe qui suit. Voilà pourquoi Aristote lui-même leur concède volontiers ce savoir.

Quant à la géométrie et à l'arithmétique, on peut voir qu'ils forment toujours leur banc selon un cube, carré sur toutes les faces, avec un corps de bataillon solide, fermé et disposé sur six faces égales, puis nagent dans cette formation carrée, aussi large derrière que devant, de sorte que si l'on en voit et compte un rang, on peut aisément en déduire l'effectif de toute la troupe, puisque leur nombre en profondeur est égal à celui de la largeur, et la largeur, à la longueur. »

---

7. www.senioractu.com/Un-plongeur-japonais-octogenaire-rencontre-le-meme-poisson-depuis-25-ans-_a20090.htm

ET SI ON FAISAIT UNE CONNEXION AVEC UN POISSON ?

Vous pouvez vous poser dans un endroit tranquille et reprendre la technique de respiration qui vous convient pour entrer en connexion (voir page 58).

1) Imaginez alors que vous êtes dans votre bulle, comme d'habitude pour les connexions.

2) Proposez à un poisson imaginaire, celui qui le souhaite, de venir vers vous.

3) Accueillez-le ensuite dans votre bulle.

4) Puis partez en voyage avec lui. Laissez-le vous emporter dans son monde : que voit-il ? Que ressent-il ? Qu'aime-t-il ? Qu'aimerait-il vous dire ?

5) À la fin de la connexion, laissez-le repartir de votre bulle, tout en le remerciant et en émettant l'intention de vous déconnecter de lui.

6) Enfin, respirez profondément et sortez de cette connexion.

Les autres êtres vivants

Quand je vais dans la forêt, je me connecte aux oiseaux. Une connexion avec les animaux peu familiers ou sauvages apporte une nouvelle dimension à notre humanité. Avec eux, on sent qu'on fait partie d'un même ensemble. On reprend notre juste place. On appartient à cette même nature, on se sent ainsi plus proches des arbres, de la forêt, de notre environnement... De même quand je fais de la plongée en bouteilles, je me sens plus proche de chacun des poissons, pleinement connectée à leur monde sous-marin.

Mais pourquoi s'arrêter en si bon chemin ? De plus en plus d'études se penchent sur l'interconnexion des arbres, ou encore des champignons ! Alors, lors de votre prochaine balade en forêt, n'hésitez pas à faire un câlin à un arbre, c'est un moment d'une grande sérénité qui peut aussi vous inciter à vous connecter à lui ! Et je vous assure que cette connexion n'est pas plus compliquée que celle avec des animaux. L'idée est simplement de choisir un arbre, de lui demander s'il est OK pour que vous veniez le voir, puis d'aller poser vos mains contre son tronc. Fermez alors les yeux et essayez de ressentir l'énergie qui circule en lui et à l'intérieur de vous. Puis, si vous le souhaitez, vous pouvez poser une question intérieurement comme : « Aurais-tu un message à me transmettre ? » Puis écoutez ce qui vient... ou pas. L'idée étant simplement de ressentir et d'écouter la nature autour de vous. Remerciez l'arbre, et revenez à un autre moment si vous le souhaitez pour le saluer ou établir une nouvelle connexion avec lui.

Ces petits exercices simples nous permettent de considérer le reste de la nature autrement, d'y reprendre notre place en comprenant que nous appartenons à quelque chose de plus global.

L'EXERCICE DE CONNEXION AVEC LES ANIMAUX SAUVAGES

1) Installez-vous dans un endroit confortable, respirez profondément, prenez le temps de vous poser sans être pressé par le temps.

2) Respirez profondément, pensez à une espèce qui vous intéresse et posez l'intention de vous connecter avec un individu imaginaire de l'espèce en question, par exemple un léopard.

3) Fermez les yeux, respirez profondément, sentez-vous de plus en plus léger, mettez votre conscience sur pause et restez concentré sur votre respiration.

4) Visualisez-vous dans un endroit de la nature que vous connaissez ou pas. Par exemple, j'utilise toujours le même endroit de connexion : une clairière dans une forêt avec un grand arbre que j'aime beaucoup.

5) Une fois que vous êtes sur place, ressentez la nature autour de vous, l'herbe sous vos pieds, le vent sur votre visage, le soleil qui vous réchauffe, les odeurs du sous-bois, le bruit des fleurs… La connexion est une sorte d'hypnose. Prenez le temps d'atterrir et de vous familiariser avec cette nature et de ressentir les sensations physiques.

6) Ouvrez ensuite cet espace à votre invité. Si c'est une autre espèce qui vient, c'est OK aussi.

7) Accueillez cet animal qui vient, laissez-le approcher.

8) Demandez-lui s'il est d'accord pour que vous vous connectiez à lui, s'il accepte de vous amener dans son monde.

9) Laissez-vous plonger dans son univers, aidez-vous en réalisant un petit mouvement en avant. Vous n'êtes pas dans son corps, cette fois vous êtes dans son monde, concentrez-vous sur ce que vous ressentez, sur ce que vous voyez, sur vos émotions.

10) Remerciez-le avant de vous déconnecter.

11) Sortez de la connexion en revenant par la pensée dans votre clairière.
12) Respirez profondément, prenez de nouveau le temps de ressentir la nature, respirez profondément, et revenez à ici et maintenant.

Et si ça ne marche pas ?

La connexion avec un animal sauvage, que l'on ne connaît donc pas, est certainement plus difficile que la connexion habituelle avec votre animal, car la confiance doit se nouer petit à petit, au début. De plus, on ne cherche pas les mêmes informations qu'avec son animal habituel.

Pour vous aider dans cette connexion particulière, posez des questions à l'animal sauvage et demandez-lui de vous répondre en vous montrant les choses : comment vit-il ? Vit-il seul ? Qu'est-ce qu'il aime dans la vie ? Qu'est-ce qu'il aime moins ? Qu'est-ce qu'il souhaite vous partager ? Est-ce que son espèce est impactée par le réchauffement climatique ? Comment voit-il les humains ? Est-ce que la nature va moins bien ? A-t-il un message à faire passer aux humains en général ? Cela vous permettra de mieux le comprendre.

COMMENT COHABITER SUR TERRE ?

Comment négocier avec les insectes et les animaux que l'on considère comme des « nuisibles » ? Sont-ils chez eux, chez nous, ou nous… chez eux ?

Vers une nouvelle société

Plusieurs auteurs[8] ont déjà réfléchi à cette idée de cohabitation et à une théorie de philosophie politique dans laquelle on cohabite et on co-crée avec les autres espèces. Une société post-exploitation animale, sans rapport de domination entre humains et autres animaux.

8. Sue Donaldson et Will Kimlicka, *Zoopolis*, Oxford University Press, 2011.

Pour ces philosophes canadiens, dans ce monde hypothétique, il serait important que les animaux aient autant de droits négatifs – comme le droit de ne pas être frappés ni exploités, etc. – que de droits positifs – comme le droit à la dignité, des droits de représentation…

Pour créer cette nouvelle société, nous aurions besoin de réorganiser une cohabitation inter-espèce. Je pense que, dans cette société utopique, la connexion animale aurait toute sa place comme langue officielle. Elle donnerait aux animaux à la fois la parole et une place de sujet politique, de personne. Pour moi, chaque connexion est un moyen de faire un petit peu plus apparaître ce monde-là devant mes yeux, et de bénéficier de cet esprit de co-création sans rapport de pouvoir ni de force. C'est aussi cette même idée de co-création avec les animaux dits « de ferme » qui m'a inspiré le projet « Magic Animal Farm » (voir page 143). Alors, pourquoi ne pas aller plus loin et s'imaginer en interprètes nous permettant de fonder une société post-spéciste, société de respect, d'écoute et libérée des oppressions ? Et ce n'est pas moi qui le dis ! Selon la philosophe avant-gardiste Eva Meijer[9], on va avoir besoin « de nouvelles procédures de prise de décision par lesquelles tous ceux qui sont affectés sont consultés » et pour ça, nous aurons besoin de personnes spécialistes, que l'auteur et philosophe néerlandaise nomme « interprètes » des besoins et envies des animaux. La connexion animale pourrait alors devenir extrêmement importante.

Et en attendant que ce monde-là arrive, cohabiter avec les insectes et autres animaux qui nous entourent peut changer notre vie et la leur. Établir des contrats moraux gagnant-gagnant avec eux ajoutera beaucoup de douceur

---

9. Eva Meijer, « Interspecies Democracies », dans *Animal Ethics in the Age of Humans*, Springer, 2016.

dans les relations inter-espèces (voir l'exemple des fourmis page 154).

Propriété privée ?

L'animal liminaire

Le terme « animal liminaire » désigne les animaux proches de nous, ni totalement sauvages, ni véritablement domestiqués. Par exemple, les pigeons, les rats des villes, les moustiques...

Dans notre rapport aux animaux liminaires, nous devons repenser la notion de propriété car ils sont chez eux partout : dans les rues, nos maisons, en ville... Par ailleurs, la question controversée des « espèces invasives » est aussi étroitement liée à cette idée de territoire et de propriété. Quel est leur espace de vie et quel est le nôtre ? Notre chez-nous n'est-il pas surtout leur chez-eux ?

Ce qui est incroyable avec les insectes, c'est qu'ils viennent vraiment questionner cette notion de propriété. Qu'est-ce qu'un habitat ? Qu'est-ce qui nous appartient ? Depuis que je suis petite, je ne comprends pas comment on peut posséder un morceau du corps de la Terre. Et ainsi avoir la possibilité de couper les arbres comme on le souhaite, puisque ce sont les « nôtres ». Comment fait-on aussi pour partager tout cet espace que nous avons colonisé et que nous nommons « nos maisons » et « nos jardins » avec eux ? La propriété n'a aucun sens pour les animaux, tout comme les frontières terrestres. Il n'y a qu'à voir les oiseaux migrateurs, les moustiques tigres ou encore les termites !

LES ENSEIGNEMENTS DE CLAUDE LÉVI-STRAUSS

Lisez cet extrait, et prenez le temps pour réfléchir

« On a commencé par couper l'homme de la nature, et par le constituer en règne souverain ; on a cru ainsi effacer son caractère le plus irrécusable, à savoir qu'il est d'abord un être vivant. Et, en restant aveugle à cette propriété commune, on a donné champ libre à tous les abus. Jamais mieux qu'au terme des quatre derniers siècles de son histoire, l'homme occidental ne put-il comprendre qu'en s'arrogeant le droit de séparer radicalement l'humanité de l'animalité, en accordant à l'une tout ce qu'il retirait à l'autre, il ouvrait un cycle maudit, et que la même frontière, constamment reculée, servirait à écarter des hommes d'autres hommes, et à revendiquer, au profit de minorités toujours plus restreintes, le privilège d'un humanisme corrompu aussitôt né pour avoir emprunté à l'amour-propre son principe et sa notion. »

« Car un jour viendra où l'idée que, pour se nourrir, les hommes du passé élevaient et massacraient des êtres vivants [...] inspirera sans doute la même répulsion qu'aux voyageurs du XVIe ou XVIIe siècle les repas cannibales [...]. »

Claude Lévi-Strauss,
Anthropologie structurale, Plon, 1996.

LES 3 IDÉES CLÉS DU CHAPITRE

- ◊ La connexion avec des animaux sauvages de l'autre bout de la terre est tout à fait possible et nous permet d'élargir notre champ de connaissances.
- ◊ Il n'y a pas de limites : on peut se connecter à tout être vivant, des poissons aux animaux liminaires, en passant par les arbres et les insectes.
- ◊ Certains philosophes réfléchissent déjà à une société inter-espèce, sans domination de l'homme sur les autres animaux, et qui remet en question la notion même de propriété.

COMMENT RETROUVER UN ANIMAL PERDU ?

« Les animaux n'ont pas, comme l'Homme,
l'orgueil de se croire supérieurs aux animaux. »

Théodore Monod

PAMPLEMOUSSE, LE CHAT À LA BALLE DE PLOMB

Un jour, une personne que je ne connaissais pas m'appelle en panique pour l'aider à retrouver son chat, Pamplemousse, disparu depuis trois jours. Inquiète, sa gardienne me demande de trouver des informations sur sa localisation.

Je commence alors ma connexion sans aucun autre élément en ma possession... même pas l'adresse du domicile. Dès les premières minutes, je vois un immeuble, très grand et haut, avec beaucoup d'étages. Le chat me montre immédiatement qu'il y vit à un étage élevé. Je comprends pendant la connexion que Pamplemousse voit son immeuble d'en bas. Comment est-ce possible ? Est-ce qu'il a descendu les escaliers dans l'idée de fuir ? Je lui demande de me montrer son lieu actuel : je vois alors le parking en dessous de l'immeuble. Il n'est donc pas très loin. Les images sont très nettes. Je lui demande comment il a atterri là. Il me montre une nouvelle scène. Je le vois monter sur la rambarde du balcon du huitième étage, comme il le fait tout le temps. Mon regard est attiré par une autre image : une silhouette d'un homme en face, à la fenêtre. En même temps, je sens quelque chose arriver dans le crâne du chat. Et je le sens tomber par terre sans pouvoir se remettre sur ses pattes. Au sol, blessé, il a mal au crâne, il ne voit plus d'un œil (le gauche), il est très désorienté, les sensations physiques qu'il me partage sont insupportables. Terrorisé, il est alors parti se cacher derrière une voiture, il me montre à quel emplacement précisément.

Après la connexion, j'informe sa gardienne. C'est bien la description exacte de son habitation. Je lui dis aussi que le chat n'est pas juste tombé du balcon, il a été percuté par un projectile à la tête... Comme elle ne le trouvait pas dans le parking, je décide de guider le petit chat pour qu'il retrouve son chemin jusqu'à la porte principale. En le retrouvant enfin, sa gardienne constate l'étendue des blessures.

Le vétérinaire lui confirmera que Pamplemousse a reçu une balle de plomb dans le crâne et qu'il a eu beaucoup de chance de survivre à sa chute. De mon côté, en continuant les connexions, j'ai appris qui était la personne qui lui avait tiré dessus !

L'IMPORTANCE DE CHANGER SA FAÇON DE PENSER

Dans ma vie, j'ai fait beaucoup de connexions avec des animaux perdus. Soit parce que les gardiens me contactent dans les premiers jours de recherche, soit parce que j'ai moi-même perdu des animaux qui partageaient ma vie.

J'ai très vite compris que la connexion avec un animal perdu dépassait de loin sa simple recherche. En effet, aussi curieux que cela puisse paraître de prime abord, l'important n'est pas forcément de les retrouver !

La première question à poser n'est pas « où es-tu ? » mais « pourquoi es-tu parti ? ». De cette question essentielle découlera la suivante « as-tu envie de revenir ou non ? ». Tout le reste, et notamment la géolocalisation de l'animal, passe après.

IDÉE REÇUE

« Un animal perdu veut forcément retrouver son foyer. » C'est faux.

Certains animaux fuient des situations délicates ou préfèrent trouver refuge ailleurs.

Je sais que cette thèse peut paraître abstraite et compliquée à admettre pour les gardiens, mais la connexion animale s'appuie sur le respect des besoins des animaux avant tout. Si ces derniers ne veulent pas retourner au bercail, c'est leur choix et il faut le respecter. Même si, dans les faits, cela arrive très rarement. Mais imaginons un chien qui a fui à la suite de maltraitances, je ne donnerai pas sa géolocalisation à ses gardiens. La fuite est aussi une tentative de résistance que je respecte.

Se connecter pour mieux comprendre la situation

Dans le cas d'un égarement, la connexion animale permet de reprendre le fil de l'histoire juste avant la disparition de l'animal. Comme pour le chat de Lyna, c'est d'abord son environnement familier qui arrive en connexion. Petit à petit, l'animal rejoue ensuite la scène, ou il nous donne des pistes pour envisager la situation dans sa globalité et comprendre les raisons du départ. Celui-ci peut être involontaire (comme dans l'histoire du chat Pamplemousse plus haut) ou... volontaire. Je me souviens par exemple d'un autre chat nommé Frimousse qui avait décidé de partir en vacances pour prendre un peu l'air et goûter aux joies de la liberté. Pendant deux semaines, il n'a pas souhaité rentrer. C'est finalement la faim et les difficultés rencontrées pour se nourrir à l'extérieur qui lui ont donné l'élan de retourner dans sa maison et retrouver ses croquettes ! Avant que le matou ne prenne la décision de revenir chez lui, je pouvais bien évidemment le géolocaliser. Mais ce n'était pas respecter son choix de vivre libre sans ses gardiens. À l'inverse, certains chats choisissent leurs gardiens… Comme Cléopâtre qui avait quitté ses anciens humains, fait des kilomètres pour rejoindre un nouveau foyer. Pendant la connexion, j'avais l'étrange sensation de savoir exactement où le chat allait se rendre, comme si elle connaissait d'avance son deuxième foyer.

Connexion spécial refuge

Je donne souvent ce conseil à toutes les personnes qui souhaitent adopter un animal en refuge mais veulent être sûres de leur choix. Le principe est simple : avant de partir, émettez par pensées l'intention que l'animal qui vous correspond et qui a une histoire à vivre avec vous vienne vers vous. Cet exercice donne d'excellents résultats.

Si rien ne se passe sur place, faites confiance à votre intuition pour que celle-ci vous guide vers le bon animal.

Une de mes amies, formée à la connexion animale, a mis cette intention avant d'aller chercher deux poules chez un ami. Dès qu'elle est arrivée chez lui, une première est directement montée sur son épaule à son arrivée et la seconde s'est posée à ses pieds. Les dix autres l'ont complètement ignorée. Le choix en a été grandement facilité !

Le retrouver mais pour quoi faire ?

En plus de comprendre l'origine de la disparition, se connecter à un animal perdu permet, dans un premier temps, de prendre des nouvelles de l'animal : va-t-il bien ? Est-il blessé ?

Une fois ce rapide check-up réalisé, la communication permet de faire le point avec lui. Souhaite-t-il revenir vers ses gardiens ? Préfère-t-il rester libre ? Très rapidement, la connexion permet de géolocaliser l'animal en fonction de sa position. On se retrouve comme une sorte de GPS avec une vision globale d'où il se trouve. C'est ce que j'appelle, lors de mes formations, le « zoom » et le « dézoom ». L'idée est, dans un premier temps, de mémoriser l'environnement qui se situe juste à côté de l'animal, puis de dézoomer jusqu'à voir tout le quartier où il se trouve afin d'avoir toutes les informations pour le retrouver.

Une fois l'animal localisé, deux solutions sont possibles :

◊ Guider les gardiens vers l'animal. C'est la meilleure solution si l'animal est blessé, désorienté, et ne peut pas se déplacer pour une raison quelconque.

◊ Guider l'animal vers ses gardiens. C'est la meilleure solution s'il souhaite rentrer, peut se déplacer et a l'énergie suffisante pour rentrer.

Dans ma tête, j'ai une sorte de carte avec l'itinéraire qui se dessine, entre le point où l'animal se trouve, et celui où il doit aller. Exactement comme dans un GPS, c'est extrêmement précis !

Ensuite, il existe plusieurs techniques pour retrouver l'animal, mais il faut savoir qu'elles restent assez complexes même après plusieurs mois de formation. Ces protocoles sont plus poussés et demandent beaucoup d'énergie, tout en mettant beaucoup de pression sur les épaules de la personne qui se connecte. Lors de ces situations de crise, distinguer le vrai du faux est bien plus difficile et exige de l'expérience, ainsi qu'une grande dose de sang-froid.

La connexion avec un animal perdu doit avant tout l'aider à se sentir soutenu. Surtout s'il a peur. Ensuite, si tel est son souhait, on peut l'aider à retrouver son chemin. L'idée est de comprendre comment il va, où il se trouve, mais aussi les raisons de son départ. La connexion à un animal perdu ne signifie donc pas le retrouver à tout prix. Comme je l'ai dit, cela m'est déjà arrivé d'avoir un animal qui ne souhaitait pas être retrouvé et j'ai respecté ce choix.

IDÉE REÇUE

« Mon animal se souvient qu'on a fait une connexion. » C'est faux.

Lorsque je vais voir un animal auquel je me suis connectée, j'ai souvent l'impression que l'on se reconnaît. Mais la plupart du temps, la connexion ne reste pas dans la mémoire consciente de l'animal, il ne s'en souvient pas. Il arrive qu'il ait la sensation que quelque chose s'est passé, mais pas plus.

SE CONNECTER EN MODE RECHERCHE

Sans décrire la connexion entière qui est complexe, voici un exercice pour se connecter à un animal perdu et trouver des indications du lieu où il se trouve.

Mon conseil : si vous retrouvez un animal perdu, mais qu'il ne veut pas revenir, inutile de le géolocaliser contre son gré, cela n'a aucun sens.

COMMENT RECONNAÎTRE L'ENDROIT ?

Le début de la connexion reste le même (voir page 66) : posez-vous, respirez, émettez l'intention de vous connecter avec votre animal. Une fois qu'il apparaît et accepte le principe de la connexion, suivez-le dans son monde.

À la différence des autres fois, vous allez observer deux temps distincts de connexion :

Temps 1 : posez d'abord à votre animal les questions concernant son départ.

- Pourquoi est-il parti ?
- A-t-il envie de revenir ?
- Est-il blessé ?

La connexion vous permettra de percevoir ses ressentis physiques et émotionnels (peur, stress, détente...).

Temps 2 : une fois le bilan de la situation fait, concentrez-vous sur son environnement proche.

- Que voit-il ? (une rivière, un champ, un immeuble, le nom d'une rue... ?)
- Que sent-il ? (odeurs de ville, de ferme... ?)
- Qu'entend-il ? (des voitures, des voix humaines... ?)

Cela permet d'obtenir de précieuses informations sur sa localisation (À droite il y a une route, à gauche une rivière...).

Et si ça ne marche pas ?

Je vous conseille alors vivement de vous tourner vers un facilitateur professionnel, surtout si l'animal perdu est le vôtre car c'est plus difficile émotionnellement de vous connecter dans ce cas-là. Grâce à sa plus longue expérience, l'experte arrivera mieux à obtenir des informations.

Pour acquérir de l'expérience, vous pouvez vous entraîner à géolocaliser un animal qui n'est pas perdu.

LES ANIMAUX ONT-ILS UNE CONSCIENCE ?

La conscience se définit par la connaissance immédiate de sa propre activité psychique. Aujourd'hui, la conscience des animaux semble évidente, surtout pour toutes les personnes ayant partagé du temps avec eux, mais cela n'a pas toujours été le cas. Comme nous l'avons déjà vu, Descartes considérait l'animal comme une machine, incapable de ressentir, justifiant ainsi leur exploitation par l'homme. Plus récemment, l'INRA (Institut national de recherche agronomique) a diligenté une étude[1], publiée en 2017, réunissant divers scientifiques pour le ministère de l'Agriculture. Leur conclusion ? Les animaux ont une conscience, ils sont capables de planifier ce qu'il va se passer dans l'avenir (par exemple, l'écureuil qui cache de la nourriture pour l'hiver), de ressentir des émotions, de faire preuve de métacognition (c'est-à-dire d'évaluer leur propre comportement et leurs propres pensées), de nouer des relations avec les humains et d'avoir un comportement social.

La conscience fait partie de la sentience dont on a parlé : les animaux sont sentients et donc aussi conscients.

Ces conclusions soulignent donc la conscience animale… L'étape suivante serait que ces études soient utilisées concrètement pour se poser des questions sur la vie que l'on propose aux animaux sur cette Terre…

La conscience est à distinguer de la personnalité, qui regroupe des caractéristiques propres à un individu. Ces traits de caractère le définissent dans sa façon d'être et restent stables avec le temps. Si on étudie le comportement des animaux d'une même espèce – ce que la science a fait –, on distingue… des personnalités uniques chez

1. www.inrae.fr/sites/default/files/pdf/esco-conscience-animale-resume-francais-8-pages.doc.pdf

chacun des individus. Par exemple, mon poney, friand de clémentines et de soupe, aime sauter des obstacles tout seul, jouer avec les papillons, alors que celui de ma sœur recherche plus de calme et n'aime pas du tout ces choses-là.

Mais tous les animaux, même ceux qui ont moins bonne presse, ont une personnalité unique. Les poules[2], par exemple, ont chacune un comportement particulier avec leurs poussins. Elles ont une personnalité unique : elles sont plus ou moins sociables, plus ou moins téméraires, plus ou moins calmes, etc. Comme tous les individus, qui sont émotionnellement, cognitivement et comportementalement des êtres complexes, les poules aussi ont une personnalité unique !

Se connecter régulièrement avec différents animaux nous fait aussi prendre conscience… de leur conscience et de leur personnalité !

LES ENSEIGNEMENTS DE JEREMY BENTHAM

Lisez cet extrait, et prenez le temps pour réfléchir.

« *Le jour arrivera* peut-être *où le reste de la création animale acquerra les droits que seule une main tyrannique a pu leur retirer. Les Français ont déjà découvert que la noirceur de la peau n'est pas une raison pour abandonner un homme au caprice de ses persécuteurs sans lui laisser aucun recours. Peut-être admettra-t-on un jour que le nombre de pattes, la pilosité ou la terminaison de l'*os sacrum *sont des raisons tout aussi insuffisantes d'abandonner un être sentant à ce même sort. Quel autre critère doit permettre d'établir une distinction tranchée ? Est-ce la faculté de raisonner, ou peut-être la faculté de parler ? Mais un cheval ou un chien*

2. https://link.springer.com/article/10.1007/s10071-016-1064-4

adulte est un être incomparablement plus rationnel qu'un nourrisson âgé d'un jour, d'une semaine ou même d'un mois – il a aussi plus de conversation. Mais à supposer qu'il n'en soit pas ainsi, qu'en résulterait-il ? La question n'est pas : "peuvent-ils raisonner ?", *ni "peuvent-ils* parler ?", *mais "peuvent-ils* souffrir ?". »

Jeremy Bentham,
Introduction aux principes de la morale et de la législation, Vrin, 2011 (1789).

LES 3 IDÉES CLÉS DU CHAPITRE

◊ On peut retrouver un animal perdu grâce à la connexion animale.

◊ Lors de la connexion avec un animal perdu, il faut respecter ses besoins, agir en fonction, et le ramener uniquement s'il le souhaite.

◊ Tous les animaux ont une conscience, c'est admis scientifiquement.

COMMENT SE CONNECTER À UN ANIMAL DÉCÉDÉ ET GARDER LE LIEN ?

« Nous sommes des créatures en quête de sens,
qui doivent s'accommoder de l'inconvénient
d'être lancées dans un univers qui n'a intrinsèquement
aucun sens. »

Yrvin Yalom

LE RETOUR DE MÉLI-MÉLO

Entre 2015 et 2020, à chaque fois que je me sentais mal, je me raccrochais à l'idée de croiser mon ami le renard dans la forêt. Car Méli-mélo ressentait mon état comme par enchantement et une sensation de plénitude m'envahissait à chaque fois que je le voyais. Je lui demandais régulièrement des conseils et sa réponse était toujours juste, parfaitement adaptée au moment présent, même à distance. C'était d'autant plus vrai lorsque j'ai dû séjourner à l'hôpital. Je dis souvent que je suis encore en vie grâce à lui, et je pense que c'est réellement le cas.

Lui s'est éteint en 2021, alors que je n'habitais déjà plus à côté de sa forêt depuis un moment. J'ai ressenti le moment de sa mort, et bien sûr, j'ai éprouvé une grande tristesse. Mais nos connexions à distance étaient bien ancrées et nous avons continué à échanger.

Aujourd'hui, Méli-mélo me guide encore. Lorsque j'ai du mal à prendre une décision, il m'aide à faire un choix et il est toujours de bon conseil !

LA DIFFICULTÉ DE FAIRE LE DEUIL D'UN ANIMAL

Par accident, vieillesse ou maladie, la perte d'un animal plonge les gardiens dans une grande détresse.

IDÉE REÇUE

« Mon animal est mort, je ne peux plus me connecter à lui comme je le faisais quand il était vivant. » C'est faux.

La connexion animale permet de poursuivre le lien d'une autre façon. Vous pouvez exprimer toute votre gratitude à l'animal disparu, le remercier et vous assurer qu'il va bien là où il est.

« Je dois être expérimenté en connexion animale pour me connecter à un animal défunt. » C'est faux.

Contrairement à une connexion à un animal perdu qui demande plus d'expérience et d'énergie, la connexion à un animal décédé est accessible à tous, même aux débutants. Plus que toutes les autres, il s'agit d'une connexion d'amour.

Pourquoi est-ce si difficile ?

Seules les personnes ayant (eu) un animal peuvent comprendre l'immense tristesse qui accable les gardiens à la perte de leur compagnon de vie. Cette peine s'explique notamment par la place qu'occupe l'animal au quotidien. Plus celle-ci est importante, plus le chagrin sera profond. Le deuil passe par plusieurs phases (du choc de l'annonce à la reconstruction) et s'accompagne d'une grande tristesse et parfois d'un sentiment de colère (face à cette situation vécue comme une injustice). Que l'animal soit jeune ou vieux, le deuil peut s'étendre sur plusieurs mois avec des phases de hauts et de bas. Une chose est très importante dans ce processus : il est essentiel de ne pas culpabiliser. Les animaux ne nous en veulent pas, d'autant que vous avez fait du mieux que vous pouviez de leur vivant. La culpabilité ne nous fait jamais avancer.

Cette période difficile à vivre peut aussi être mal vécue face au manque de considération et à l'indifférence de la société. « Ce n'est qu'un chien », « Tu peux prendre un autre chat pour le remplacer... ». Ces phrases, emplies de maladresse, soulignent aussi le statut sociétal ambigu des animaux selon la loi (du 10 juillet 1976, article 9) : « Tout animal étant un être sensible doit être placé par son propriétaire dans des conditions compatibles avec les impératifs biologiques de son espèce. » Dans la même phrase on retrouve la notion d'« être sensible » et « propriétaire », pourtant un animal n'est pas un objet... mais ils restent tout de même considérés comme tel juridiquement.

Comment accepter la mort de son animal ?

IDÉE REÇUE

« Grâce à la connexion animale, je peux éviter de vivre la période de deuil. » C'est faux.

Même si une nouvelle relation va se créer entre vous, que vous allez pouvoir conserver autrement, la période de deuil et d'absence physique va devoir être traversée. Elle sera différente en fonction de chacun.

Le deuil peut être très difficile à faire, et une chose est sûre : il ne faut rien forcer. Lorsqu'un être que l'on aime meurt, se sentir profondément touché (ou à l'inverse ne rien ressentir du tout) est une réaction tout à fait normale. J'ai des amies qui ne se sont pas remises de la mort d'un de leurs animaux morts il y a des années...

Faire le deuil est une expression faussée, on ne décide pas un matin de « faire » ou « ne pas faire » son deuil. Pendant le deuil, tous ceux qui sont passés par là vous le diront, on vit des émotions difficiles et on traverse des phases, plus ou moins longues, de mal-être. Loin d'être un acteur et de « faire » son deuil, on apprend à vivre sans le disparu. Seul le temps permet d'adoucir la peine et de se raccrocher, en pensées, aux moments heureux. Le seul conseil que je peux vous donner est d'accepter de vivre ces moments de tristesse. Oui, vous avez le droit de pleurer, oui, vous avez le droit de ne pas être bien. Chacun vit sa peine comme il l'entend, certains préfèrent être seuls, d'autres accompagnés. Certains préfèrent « ne plus y penser », alors que d'autres partent à la recherche de souvenirs tangibles (comme des photos ou des vidéos, par exemple). Il n'y a pas de recette miracle et encore moins de moyen d'éviter d'être en deuil.

Et les animaux, eux, vivent-ils des deuils ?

Pour eux aussi, cette période de perte et l'absence d'un être cher peuvent être très difficiles à vivre. Mon lapin, dont je vous ai déjà parlé, est mort assez jeune. Il a vécu trois années de liberté, à être le meilleur ami du chat, et puis un jour... arrêt cardiaque à cause d'un stress impossible à gérer pour lui.

Suite à ce décès brutal, pendant plus d'une année, mon chat a été triste. Il ne me le disait pas mais ça se voyait : ses poils étaient ternes, tout comme son visage, il ne faisait presque plus rien de ses journées. Il développait tous les symptômes d'une dépression...

Le seul conseil que je peux vous donner si vous êtes en deuil, c'est de ne pas chercher à tout prix à remplacer l'être disparu, pour lui comme pour vous. Parce que vous savez très bien que votre nouveau chien n'est pas le même qu'avant, et peut-être que la simple vue d'un autre chien ne va faire qu'empirer votre état émotionnel. Pensez aussi au nouvel arrivant dans votre foyer : son rôle de remplaçant peut être difficile à vivre. Alors prenez votre temps et faites votre deuil tranquillement.

Dans le règne animal, les éléphants sont assez connus pour savoir faire leur deuil, même si c'est aussi le cas de nombreuses autres espèces. À la recherche de Babyl, un des leurs enterré par les habitants, le troupeau d'éléphants a détruit un village d'Inde trois jours durant[1].

La chercheuse Cinthya Moss[2] raconte l'histoire d'un autre éléphant mort. La vue du corps inanimé ne convenant pas à deux membres de sa famille, ces derniers vont faire tout leur possible pour le porter, essayer de le relever, lui donner des coups de patte et même aller chercher de l'herbe pour le nourrir.

La mort peut être une situation difficile à vivre pour tout le monde. Même pour les singes ! Cette histoire d'un babouin, tué par un automobiliste en Arabie Saoudite, m'a fait sourire... Pendant trois jours, les autres babouins de son clan ont attendu sur le bord de la route, que le conducteur revienne. Cela signifie qu'ils avaient repéré quelle voiture avait causé l'accident. Au moment où l'automobiliste arriva enfin, l'un d'entre eux aboya, et tout à coup tous les autres se mirent à lancer des pierres sur la voiture. J'aime cette histoire car elle nous montre la manière dont les autres animaux ressentent la colère et résistent. Ce sont loin d'être des individus passifs et qui subissent ce qu'il se passe.

---

1. Marc Bekoff, *The Emotional Life of Animals*, New World Library, 2008.
2. www.researchgate.net/publication/37694548_Elephant_Memories_Thirteen_Years_in_the_Life_of_an_Elephant_Family

UNE NOUVELLE VISION DE LA MORT ET DES DISPARUS

Si vous venez de perdre un animal, ou si vous pensez encore à un animal disparu qui a beaucoup compté pour vous, j'ai une bonne nouvelle à vous annoncer. La connexion animale est tout à fait possible avec un animal décédé. D'ailleurs, c'est une des raisons principales de ceux qui veulent apprendre à se connecter.

La mort est un passage

Mourir, c'est quitter son corps physique. L'animal décédé n'est donc plus, physiquement, avec nous. Sans rentrer dans des considérations philosophiques ou religieuses sur les différentes croyances existantes (la vie après la mort, la réincarnation, les sept vies des chats…), ce que je peux partager avec vous de manière certaine, c'est que vous pouvez vous connecter, d'âme à âme, et de cœur à cœur, avec votre animal disparu. Comment est-ce possible ? C'est le principe même de la connexion de s'évader dans d'autres lieux, de rencontrer des animaux connus ou inconnus, domestiqués ou sauvages, morts ou vivants à travers le canal de la pensée et de l'énergie. D'ailleurs, lors des connexions il est difficile de savoir (à moins de connaître l'histoire de l'animal) si celui-ci est encore en vie ou pas. Je vais vous expliquer comment entrer en contact avec un animal disparu. Je tiens tout de même à préciser que la connexion n'empêchera pas la période de deuil.

« Ma chienne, décédée un soir de Noël, m'a ouvert l'espace de la connexion. Elle était là, elle serait toujours là à nos côtés. On pouvait largement encore avancer ensemble. J'ai lâché les doutes. »

Témoignage de Barbara

L'envoi d'amour

Avant d'entrer dans le détail de l'exercice de connexion animale, je vous conseille, si vous venez de perdre un animal récemment ou il y a longtemps, de commencer à lui envoyer de l'amour sans attendre de retour de sa part. Souvent on peut ressentir la sensation d'une fin trop brute, qui nous a volé les derniers mots qu'on voulait lui transmettre. Alors n'hésitez pas, *via* la connexion, à le remercier pour les bons moments que vous avez passés ensemble.

Cela va permettre de rétablir ou d'établir le fil d'amour entre vous (voir page 53). Cet envoi d'amour est aussi l'exercice que je conseille juste après le décès de l'animal.

Je déconseille en effet de se lancer tout de suite dans une « vraie » connexion animale. Cela n'est pas problématique techniquement, mais je pense plutôt que ce temps est nécessaire pour vous, comme pour lui.

IDÉE REÇUE

« Les animaux ne peuvent pas se suicider. » C'est faux.

Des chats qui se jettent par la fenêtre, des animaux d'élevage qui adoptent des comportements autodestructeurs et essaient de mettre fin à leur vie. Même si la thématique est gênante, je peux vous affirmer (*via* mes connexions) que oui, les animaux peuvent se suicider. Ils peuvent désirer quitter cette vie insupportable pour eux tout comme certains humains qui ne supportent pas la leur. C'est une liberté que de pouvoir le faire.

Un nouveau lien *via* la connexion

La connexion animale permet de rester en contact avec son animal et de créer une nouvelle relation avec lui, même dans l'au-delà. C'est rassurant de pouvoir échanger avec lui et de se rendre compte que la séparation n'est que physique. Cela permet de se sentir toujours en contact. On peut bien sûr lui demander ce qu'il fait et essayer de répondre à plein de questions que l'on se pose quant à l'après-vie. Les réponses ne sont pas toujours très claires quant à leurs occupations actuelles, mais n'hésitez pas à demander, cela peut être très intéressant !

SE CONNECTER AVEC UN ANIMAL DISPARU

Préparez-vous comme d'habitude (respiration profonde, retour au calme en soi, recentrage pour revenir à soi... voir page 66).

1) Commencez par lui envoyer de l'amour, beaucoup d'amour (voir page 53).

2) Ensuite, imaginez un chemin qui vous inspire. Visualisez l'animal disparu tout au bout de celui-ci. Marchez sur ce chemin, laissez-vous guider par les odeurs, les bruits environnants, concentrez-vous sur les sensations de la marche dans votre corps. Et mettez l'intention de retrouver l'animal décédé au bout de ce chemin métaphorique.

3) Quand vous arrivez devant lui, demandez-lui s'il est d'accord pour participer à la connexion.

4) Ensuite, comme pour les autres connexions, laissez-vous transporter dans son monde.

5) Demandez-lui comment il se sent... S'il aime sa nouvelle maison...

6) L'idée est de lui envoyer beaucoup de douceur et d'amour tout au long de la connexion. Vous pouvez lui transmettre un message d'amour particulier, le remercier pour son passage sur Terre, et écouter ses messages en retour. Cette phase d'échange, de remerciements et de douceur est primordiale.

7) Après les remerciements, reprenez le chemin en sens inverse... tout en ressentant que la connexion n'est pas coupée : vous pouvez y revenir quand vous le souhaitez !

Et si ça ne marche pas ?

Je crois fort que nous sommes tous connectés ensemble, vivants et morts. La connexion animale ne fait que poser notre attention sur un lien en particulier, pour le mettre en lumière.

Encore plus que dans les autres connexions, l'important ici est l'intention d'amour que vous émettez. Si votre animal ne se présente pas cette fois-ci, envoyez-lui de l'amour et dites-lui à quel point il a été un animal qui a compté pour vous. Remerciez-le, tout simplement. Il se présentera sans doute la prochaine fois quand vous ne vous y attendrez pas !

LE MONDE DE L'INVISIBLE

La connexion avec un animal décédé pose la question des échanges avec l'au-delà et l'invisible…

Se connecter à des êtres non matériels ?

On parle beaucoup actuellement de connexion avec les anges et avec les guides spirituels. Sans remettre en question cette croyance, je suis toujours contrariée de voir l'énergie déployée pour se connecter avec des êtres non matériels, alors que là, tout près de nous, se trouvent des êtres vivants dotés de messages puissants. C'est du même ordre pour moi que la conquête de l'espace, alors que nous ne connaissons pas encore toutes les espèces vivantes sur Terre. À ce jour, environ 2 millions d'espèces ont été inventoriées mais on estime qu'il en existe entre 8 et 20 millions ! Alors apprenons à connaître ceux qui sont ici sur Terre avec nous.

L'animal totem

Tout comme les anges, on parle beaucoup des animaux totems. On pourrait tout à fait imaginer une connexion avec eux… sauf que, d'une part, je suis assez gênée par l'appropriation culturelle de cette croyance qui viendrait d'Amérique du Sud et dont on ne connaît pas grand-chose. D'autre part, par le fait que les animaux totems sont plutôt des animaux dits « charismatiques » comme des loups, des tigres, des ours. Comme le dit Malcolm Ferdinand dans son livre *Une écologie décoloniale oubliée* (Seuil, 2019), il y a une fracture animale, entre les animaux « charismatiques », que l'on aime se représenter et qui bénéficient d'un certain prestige comme le loup, l'ours ou le dauphin, etc., et les autres qui sont invisibilisés, exploités et qui subissent eux une image dégradante. J'adhère assez à cette pensée. Pourquoi les animaux totems ne sont-ils pas des animaux d'élevage comme le cochon, la poule ou un saumon ? À mon sens, si vous cherchez un animal-guide, laissez venir un animal qui a envie de se présenter à vous, quelle que soit son espèce, et qui saura vous épauler et trouver les mots pour vous accompagner. Au lieu de chercher un animal totem, découvrez les milliards d'animaux de cette planète qui peuvent être des guides et des sources d'inspiration infinies.

LES ENSEIGNEMENTS DE JOSEPH ANDRAS

Dans cet extrait, Val est une femme qui a sauvé un singe d'un laboratoire nommé Britches. Je verse une larme à chaque fois que je lis ce passage :

« Alors, fort de la loi, on crevait là les chiens par le poison, on leur refourguait des hémorragies bronchiques, on leur écoulait des infections pulmonaires, des douleurs de partout qu'on leur mijotait dedans la bouche, l'œsophage ou l'estomac. Puis on accusait de crime ceux-là qui révélaient le crime de la loi. Terroriste, c'est un mot plein d'astuce.

Val roule ; Josh aussi, ailleurs, et l'ailleurs est l'opposé. Il y a du bruit dans le carton sur le siège avant. Elle patiente quelques miles puis s'arrête sur une aire de repos.

On imagine sans mal la lenteur du geste à mesure qu'elle déplie les pans de la boîte : Britches est bien là. Sa tête de rien du tout s'inclinant sous le sonar aux allures de grenade. Ses grandes oreilles roses qui dépassent des bandes adhésives, son corps si pâle, ses bras frêles velus, sa peau irritée par endroits couverte d'excréments. Ne t'inquiète pas petit bonhomme, fait-elle. On va t'aider. Elle verse du lait dans un biberon, l'approche du singe qui s'en saisit brusquement et boit la chose d'un trait.

Val ne devine rien de son regard, en totalité dissimulé par l'attirail, mais cela ne lui est pas nécessaire pour percevoir la vie qui renaît. Elle essuie son museau et le soleil dépose des traits d'or sur la Californie. Ces deux êtres en cavale sur l'Interstate 15, peut-être est-ce là l'entière beauté du monde... Alors Britches approche ses mains roses de ses yeux aveuglés de naissance. Lentement, les paupières s'ouvrent. Péniblement, peut-être. La lumière pénètre en lui de même que le monde tout entier inconnu. Ses yeux sont à présent larges éclos. Deux dragées noires plantées sur sa caboche glabre fripée. Deux dragées noires dont la proportion surprend. Britches tourne la tête, regarde à droite, regarde à gauche, regarde en haut, regarde en bas, partout autant qu'il peut ses yeux se posent à peine. [...]

On dit qu'en la lueur vive des arbres Britches sera vu enlaçant une mère et qu'il vivra vingt ans durant sa simple vie de macaque à face rouge. »

Joseph Andras,
Ainsi nous leur faisons la guerre,
Actes Sud, 2021.

LES 3 IDÉES CLÉS DU CHAPITRE

- ◊ On peut se connecter très facilement (pas besoin d'être un expert) avec un animal décédé, récemment ou il y a longtemps.
- ◊ La connexion avec un animal décédé ne fait pas disparaître la période de deuil, mais permet de créer une nouvelle relation avec son animal.
- ◊ Même après la mort, on peut maintenir le fil d'amour et échanger de l'amour avec son animal.

LES GRANDS ENSEIGNEMENTS DE LA COMMUNICATION ANIMALE

LA COMMUNICATION ANIMALE EST UNE VÉRITABLE PHILOSOPHIE DE VIE

La connexion animale remet en question ce que l'on sait et nous permet d'apprendre à mieux connaître ces êtres que nous avons souvent ignorés, mal compris ou pas suffisamment écoutés jusqu'alors. Elle nous permet de retrouver notre place au sein du vivant et de ne plus jamais nous sentir seul. Elle nous questionne aussi sur le respect de nos frères et sœurs des autres espèces et comment nous pourrions co-créer un monde plus harmonieux, plus grand, plus juste et beaucoup plus poétique.

Aujourd'hui, je ne peux plus imaginer ma vie sans la connexion animale. C'est un réel mode de vie que j'incarne au quotidien, par mes choix, dans mes actions, et par ma vision du monde et celle que je transmets. Je vais voir mon arbre tous les jours et je passe du temps avec lui, je parle aux oiseaux que je croise, et aux insectes. Grâce à leur présence, je comprends un peu mieux les choses. Et parfois, lorsque je suis témoin de grande souffrance, je pleure avec eux. Cette empathie devient alors difficile à vivre, mais c'est aussi en elle que je trouve une force qui me fait choisir de ne pas oublier que nous ne sommes pas seuls sur Terre. De les aider à résister et de faire en sorte que leur voix, leurs messages, leur résistance soient enfin entendus. La connexion animale est un des outils qui me permettent d'entrevoir un monde de cohabitation inter-espèce.

C'est aussi un moyen de vivre des histoires d'amitié encore plus belles avec les animaux qui partagent notre vie.

LA CONNEXION ANIMALE PERMET DE CRÉER UN NOUVEAU PRINCIPE DE SOLIDARITÉ

Et si on importait ce principe de coopération, de solidarité et d'entraide qui semble naturel pour la plupart des espèces dans notre relation avec eux ? Ainsi, exploiter les animaux devient une aberration, les tuer et les manger aussi, croire qu'ils ne sont pas sentients totalement irréaliste...

Beaucoup de personnes me disent que je suis un bisounours. Et dans la phrase d'après, que je suis trop extrême et radicale. Mais la réalité est que je ne sais pas comment des valeurs universelles telles que le respect, la générosité et l'entraide pourraient être trop extrêmes.

On peut juste vouloir extrêmement fort que ce monde disparaisse pour laisser place à un autre plus juste, plus vrai et plus beau, un monde vivable, respirable et habitable, un monde où chaque matin, chacun se réveillerait heureux d'habiter ce monde-là. Juste un monde basé sur la coopération, et où chacun reconnaît sa place au sein du vivant, un monde qui n'est plus anthropocentré.

Un monde où l'humain n'est plus le dominant de la nature, du vivant et de tous les animaux, mais un monde où tout le monde cohabite paisiblement.

Et puis, comme je crois que nous sommes tous reliés en permanence, et que la connexion animale n'est autre qu'une attention posée sur ce lien, les émotions des uns et des autres nous traversent en permanence, et on ne peut être libre tant que tout le monde ne l'est pas.

LA COMMUNICATION ANIMALE APPORTE UN NOUVEAU SENS À LA VIE

La connexion animale n'est possible que si on lui trouve un réel sens, qu'on y cherche une vérité qui dépasse nos croyances. Elle demande de remettre en question nos préjugés, de se laisser emmener par cet animal auquel on fait confiance l'espace d'un instant. Ainsi, elle demande de chercher un sens réel à cette pratique, un moyen de s'y attacher, de s'y adonner régulièrement. On ne nous a pas assez appris à chercher du sens, à mettre du sens dans notre vie, nos pratiques, nos actions. Depuis toujours, on nous explique que les choses sont telles qu'elles sont, point. Sans nous laisser la possibilité de les questionner – ou plutôt, sans nous inviter à le faire.

Et pourtant, je sais que, comme moi, vous avez cherché le sens de votre vie, de la vie, son intérêt, sa profondeur… Et si le sens justement se trouvait dans ces relations magnifiques que l'on peut créer avec d'autres espèces ? Moi, je trouve que leur simple regard est la plus belle chose du monde.

Il n'y a rien de plus beau et inspirant qu'un regard de vie, rien de plus poétique que de voir une poule libre courir dans un champ et sentir le soleil sur ses plumes, rien de plus grand et honorable que de mettre en lumière leurs mots et leur résistance.

Il n'y a pas d'empathie plus grande ni plus belle que celle qui réussit à se mettre à la place d'un être si différent, et si éloigné de nous. Ce texte est peut-être un éloge à la connexion, mais aussi à l'empathie et à la sensibilité. Cette capacité à ressentir est ce que l'on a de plus précieux.

Parfois, le manque d'empathie me fait enrager ; parfois, cela me fait peur, mais une chose est sûre : un peu plus d'empathie ne fera de mal à personne. Alors, à nous de la cultiver et d'inviter à se mettre à la place de l'autre quels que soient son espèce, son taux de pilosité, sa couleur de peau, ses croyances, son genre, ses capacités, ou son origine. Et je pense que le monde n'en sera que plus joli.

LA COMMUNICATION ANIMALE OFFRE UN PAS VERS UN NOUVEAU MONDE

La connexion animale prend tout son intérêt si on la remet dans un contexte très actuel de crise climatique, de biodiversité et d'écosystèmes. Et surtout d'exploitation animale jusque dans leur chair. Nous arrivons à un moment de notre histoire où il est urgent d'agir pour notre survie, et pour vivre dans un monde supportable. Mais aussi, où l'appel des animaux commence à se faire entendre. La connexion animale prend sa source dans de l'amour si fort pour l'animal auquel on se connecte. C'est un outil en soi, un moyen d'écouter les animaux, et d'ainsi les respecter vraiment et leur redonner leur juste place : celle d'un ami, ou d'un frère.

Un moyen de rétablir l'équilibre et la balance que nous avons perdus. Un moyen de respecter le vivant dans sa globalité et de reprendre notre place au sein de celui-ci, et non plus au-dessus de toutes les autres espèces. Et je pense que c'est le cas de la connexion animale mise au service d'une cause plus grande : celle de changer le monde, celle de changer des mondes en tout cas. La communication animale est une étape pour ensuite passer à l'action, pour faire cesser leur exploitation et leur souffrance, et enfin les rendre libres. À chaque fois que la vie d'un être change, c'est un monde entier qui se transforme…

Alors, à tous les animaux non humains, tous ces individus révolutionnaires, doux, et dont le regard est rempli de poésie : MERCI !

CONCLUSION

« Et si la connexion animale n'existait pas vraiment ? » C'est une question à laquelle j'aurais bien du mal à répondre si vous me la posiez. Pourtant, c'est une question légitime. Et je sais que, malgré les belles histoires que je vous ai racontées, elle peut encore flotter dans votre esprit. En toute honnêteté, je me la pose encore parfois…

Si je n'ai aucune preuve scientifique à vous apporter, je peux vous partager mon ressenti. De mon point de vue, il y a une très bonne raison pour laquelle la connexion animale est extrêmement tangible pour moi : c'est qu'elle m'a sauvé la vie… eh oui, rien que ça ! J'ai en effet traversé une période très difficile pendant plusieurs années. Alors qu'à l'hôpital, le désespoir me gagnait, que je perdais le goût de toute chose, la découverte d'une possible communication avec les animaux a redonné un sens à ma vie. Je n'avais plus rien à perdre, alors j'ai essayé, je me suis connectée… À partir du moment où j'ai ressenti mon premier frisson, j'ai su que plus rien ne pourrait m'arrêter. J'ai dévoré tous les livres sur le sujet. Mes premières connexions m'ont donné la force de remonter la pente, petit à petit. Pendant cinq ans, je n'ai fait que ça, nuit et jour ! Les messages que je recevais de mon poney, de mon lapin, de la perruche Mango m'ont portée... Je leur suis tellement reconnaissante de m'avoir raccrochée à la vie !

Alors, que la connexion animale existe « vraiment » ou « seulement » dans notre imagination, finalement, peu importe... Je connais les bienfaits qu'elle m'apporte, et qu'elle apporte aussi à toutes celles et tous ceux qui la pratiquent autour de moi. C'est un lien d'amour universel qui a le pouvoir de nous relier, humains et animaux. Est-ce que l'on doit encore se poser la question de savoir si l'amour existe « en vrai » ?... Bien qu'invisible, il est omniprésent, et peu de gens doutent de sa puissance aujourd'hui.

Pour moi, la connexion animale a d'abord été un rêve d'enfant, un rêve qui, un jour, est devenu réalité. Et cette pratique a radicalement changé ma vie, grâce à des connexions qui m'ont permis de m'évader, des messages de vie qui m'ont guidée, des rencontres et des amitiés inter-espèces passionnantes, des relations magnifiques avec des animaux et leurs gardiens humains, aujourd'hui très précieux à mon cœur... Elle a ajouté beaucoup de poésie à mon existence. Et si son but était « juste » celui-là, il serait déjà très joli.

Même si je ne peux pas vous prouver la réalité de la connexion animale, je ne peux que vous inviter à l'essayer. Comme je le dis toujours, c'est à la portée de tout le monde... ce serait dommage de s'en priver ! En se connectant aux ressentis et aux pensées des animaux, on comprend mieux ce qui les traverse, et on se rend compte de leur beauté.

Convier la connexion animale dans votre vie va profondément bouleverser votre système de valeurs. Vous allez observer votre environnement, vous poser des questions existentielles, apprendre à vous interroger sincèrement sur le bien-être réel des animaux et changer certains de vos comportements, même inconscients.

C'est pourquoi je suis intimement convaincue que la connexion animale est aussi un moyen d'ajouter de l'empathie à notre humanité. J'ai reçu des messages de participants à mes formations qui m'ont bouleversée : « Je ne pourrai plus jamais voir les animaux de la même manière. » Cette remise en perspective nous oblige à les traiter différemment, et à comprendre que nous faisons partie du même monde.

Enfin, la connexion animale propose un nouvel idéal de société, une nouvelle façon de cohabiter sur Terre. C'est l'opportunité d'écrire une histoire inter-espèce ensemble, basée sur l'amitié, l'amour et le respect. De construire un monde plus poétique, plus empathique et plus compréhensif. C'est un pas vers une nouvelle réalité...

Alors, comme le dit mon ami le renard, mettons « la main à la patte » et allons ensemble apporter de la douceur à ce monde !

RESSOURCES

LIVRES

Ces livres sont des pépites :

ADAMS Carole J., *La Politique sexuelle de la viande*, L'âge d'homme rue Ferou, 2016.

AMIR Fahim, *Révoltes animales*, Divergences, 2022.

ANDRAS Joseph, *Ainsi nous leur faisons la guerre*, Actes Sud, 2021.

BEKOFF Marc, *Les Émotions des animaux*, Rivages poche, 2018.

DERRIDA Jacques, *L'animal que donc je suis*, Galilée, 2006.

KO Aph et Syl, *Afro-ism: Essays on Pop Culture, Feminism, Black Veganism*, Lantern Books, 2018.

PATTERSON Charles, *Un éternel Treblinka*, Calmann-Lévy, 2008.

TAYLOR Sunaura, *Braves Bêtes, animaux et handicapés même combat*, édition du portrait, 2018 (traduction de l'anglais).

WAAL Frans de, *Mama's Last Hug*, éditions Granta, 2019.

Les livres d'Isaac Bashevis Singer.

SITES

La revue en ligne *L'Amorce* : https://lamorce.co/

Le site The Someone Project : https://projectsomeone.ca/

LE PODCAST INDISPENSABLE

Comme un poisson dans l'eau de Victor Duran-Le Peuch.

FILMS À VOIR ET À REVOIR

Okja de Bong Joon-ho.

The Octopus Teacher de James Reed et Pippa Ehrlich.

Seaspiracy d'Ali Tabrizi.

Earthlings de Shaun Monson.

REMERCIEMENTS

J'aimerais remercier tout particulièrement mon renard à qui je pense chaque jour et sans qui je ne serais pas là.

Et aussi mon lapin, qui, tous les jours avec sa joie, me donnait de l'espoir.

À mes cochons, Azou, Baletchouk et Doudou, qui ne sont plus de ce monde aujourd'hui mais qui m'ont beaucoup appris.

Et mon poney Ussard qui est simplement le meilleur !

Et un immense merci à tous les animaux non humains de cette planète pour leur sagesse, leur courage et leur beauté. Il n'y a pas un jour sans que j'y pense, et pas un jour sans que je réfléchisse à des solutions pour que leur résistance soit reconnue, et que leur enfer cesse enfin. Dans leur regard se trouvent tout l'espoir et toute la beauté du monde.

Un immense merci à Alexandra pour son aide, son écoute et ses conseils précieux qui nous ont permis d'écrire ce livre ensemble.

Merci à mes éditrices Élodie Bourdon et Mélissa Lagrange, qui m'ont proposé d'écrire ce livre alors que je me trouvais dans la forêt amazonienne. Je me souviens encore de la joie ressentie à l'ouverture du mail !

À ma sœur qui est toujours là avec moi.

À tous mes camarades activistes qui m'inspirent, et me donnent tellement d'espoir chaque jour.

À toutes les personnes qui se battent ou se sont battues pour que les rapports de domination s'effondrent et pour un monde plus juste.

À tous mes amis que j'aime si fort et qui m'ont toujours soutenue.

À mes parents qui sont incroyables.

Et puis, merci à la Terre aussi qui rend la vie ici possible.

TABLE DES EXERCICES

TABLE DES MATIÈRES

CRÉDITS

POUR ALLER PLUS LOIN

Retrouvez Ilana de Montaine sur son site

https://lecole-des-animaux.com

ou encore sur ses réseaux

@lecoledesanimauxbyilanadem8404

@Ilanademontaigneconnectionanimale

Composition et mise en pages
Nord Compo à Villeneuve-d'Ascq

Achevé d'imprimer en Espagne
par Unigraf SL
Dépôt légal : septembre 2024
334479/01 - 11053495 - août 2024

PAPIER À BASE DE FIBRES CERTIFIÉES

LAROUSSE s'engage pour l'environnement en réduisant l'empreinte carbone de ses livres. Celle de cet exemplaire est de :
1 kg éq. CO_2
Rendez-vous sur www.larousse-durable.fr